Thierry Maulnier

de l'Académie française

Introduction à la poésie française

nrf

Gallimard

SOMMAIRE

INTRODUCTION

I

La poésie oppose aux définitions une résistance particulière, parce qu'elle se résigne mal à n'être qu'essence, et, possédant son existence la plus certaine au cœur même de l'ineffable, s'évanouit dans la clarté. De tous les objets auxquels s'applique la pensée, elle est le plus malaisé à saisir, et même à situer ; elle se joue et fuit comme une eau vive aux doigts malhabiles de l'analyse. Présente au plus solide des grandes œuvres de l'esprit, il semble qu'elle en soit tantôt le principe, la source, tantôt le nimbe et la rosée. Réalité plus fluide et rebelle que nos fantômes, elle se refuse au langage dans la proportion même où elle le dépasse, de telle sorte que le langage, essayant de la saisir, l'éteint et l'étouffe en lui-même, comme un astre qui tenterait de circonscrire en lui sa puissance d'être lumière ; et elle semble n'être pourtant qu'une ressource du langage et un pouvoir particulier. Mais le langage paraît condamné à n'agir poétiquement que s'il échappe à sa nature et s'accroît d'une vie étrangère.

*

Il en résulte que celui qui s'applique à la poésie s'écarte d'autant plus de son objet qu'il tend à en donner une définition plus générale. La tâche devient ici plus vaine en même temps qu'elle devient plus facile, l'objet de l'étude se dilue et s'efface à mesure qu'il s'élargit. Rechercher les caractères communs de la poésie française peut paraître un exercice aussi peu rigoureux, aussi dépourvu de fécondité et de difficulté réelle que tout exercice de tribun ou d'écolier. Le seul véritable problème est de savoir *pourquoi* la poésie est présente dans dix syllabes de Scève ou dans quatre mots de Racine ; il n'est pas près d'être résolu ; il n'est pas prouvé qu'il puisse l'être ; la poésie étant cet *autre* pouvoir du langage, qui dépasse par nature le pouvoir d'explication, on ne voit point qu'elle puisse se laisser réduire en termes d'explication.

*

Ce serait donc une espérance tout à fait absurde, que d'attendre d'une étude comparée des divers poètes, à plus forte raison des poètes de telle époque ou de tel peuple, quelque éclaircissement, concernant la nature même de la poésie. Ce n'est point l'effort de définir je ne sais quels caractères communs aux divers poètes français qui introduira à la connaissance de la poésie, c'est au contraire l'aptitude à ressentir l'étincelle et le tremblement poétique qui constitue la seule introduction valable à la poésie française. Alors seulement en effet, on reconnaîtra que chaque poète français atteint et découvre son royaume, non par quelque grande route nationale munie de ses flèches directrices, de ses bornes et de ses auberges, — communauté de la culture, des traditions, des thèmes, techniques, préceptes, écoles — mais par des chemins incommunicables ouverts par lui seul, pour lui seul, dans la virginité du monde. Une véritable introduction à la poésie française est une introduction *à la ressemblance des particularités* de chaque poète français.

*

L'entreprise de ramener Villon et Nerval, Mallarmé et Racine à je ne sais quelle somme de caractères communs qui les définiraient comme poètes français n'aurait très exactement aucun sens. Ce qu'on peut découvrir ou inventer de commun à Villon, à Nerval, à Racine, à Mallarmé est aussi extérieur à la poésie, — à leur poésie — que peuvent l'être leurs semblables amours, leurs semblables maladies, leurs cheveux blonds ou bruns, la ressemblance des lignes imposées par la terre et le temps aux collines et aux visages de leur horizon. Certes, on ne nie point les similitudes qu'impose un langage commun à un art qui est d'abord langage, — et je n'entends point seulement ici par un langage commun la communauté des mots, mais la ressemblance de ce que les mots désignent : la France n'a pas seulement donné aux poètes français un même verbe mais un même monde, une pareille façon de nommer et de chérir un corps, un ciel, un oiseau, mais les mêmes corps, les mêmes ciels, les mêmes oiseaux. Il n'importe : chaque poète français est d'abord un et incomparable, et ne ressemble aux autres poètes français que dans son aptitude à être un et incomparable. La poésie française n'est que l'assemblage des plus profondes et des plus secrètes particularités. Tout poète est une exception qui ne confirme aucune règle. Réunir sous un même regard, réunir sous le nom de *français* les poètes français, c'est peut-être découvrir la France à travers les poètes français, non pas assurément la poésie. C'est se condamner à définir la poésie par ce qui lui est le plus extérieur.

*

Heidegger dit qu'on s'égare d'autant plus loin de la nature et de la substance de la poésie qu'on cherche à la définir comme une réalité commune à des poètes différents, car on se condamne ainsi à n'atteindre que *l'indifférent* de la poésie. Le critique n'atteint dans le poète, le poète n'atteint en lui-même l'essence de la poésie qu'autant qu'ils savent s'avancer dans un domaine où l'essentiel ne coïncide pas avec le plus général, mais avec le plus intérieur. C'est au plus personnel, c'est au plus inaliénable de lui-même que le poète est le plus poète, c'est au plus secret de lui-même qu'il atteint ce qui lui donne, avec les autres poètes, sa véritable et valable parenté. Admirable domaine pour l'exploration de l'esprit que cette réalité qui n'a de généralité que dans l'accessoire, l'interchangeable, l'anecdotique, *l'analogie,* et dont l'essence est particularité.

*

Le merveilleux est que cette intimité absolue de la poésie en chaque poète coïncide avec les formes les plus pures et les plus durables du langage, insérées elles-mêmes, pour y acquérir un surcroît de solidité, dans l'ordre rigoureux du poème : coexistence d'une élaboration prodigieusement intérieure avec une forme si admirablement communicable qu'elle reste communicable, par le nombre et par le chant, là même où la signification des mots s'évanouit. C'est pourquoi certains ont été tentés de penser que le poète, dont la création est un défi continuel aux lois de la communication humaine, puisqu'il viole sans cesse le langage, lui imposant par des dispositions particulières de porter en lui cette part ineffable du monde qui précisément le dépasse, ne crée en réalité qu'une forme. J'entends ici par forme non la seule organisation, en une harmonie exigeante, des ressources sonores du langage, mais un talisman verbal, une clé d'or ouvrant à chacun les trésors défendus de son propre univers, un moyen pour chaque auditeur d'accéder à son propre mystère Paul Valéry le dit à peu près, et Jean de la Croix l'avait dit avant lui avec une même subtilité. Le poète compenserait ainsi par la stabilité de sa forme ce que le message qu'il y enferme aurait de rigoureusement personnel, de fugitif et peut-être d'indéchiffrable. Le sens qu'il aurait lui-même attaché à son œuvre compterait beaucoup moins que la forme qui est à tous, étant à tous communicable, et dont le rôle est pour ainsi dire d'éveiller ou de faire naître, en chacun de ceux qui en prennent connaissance, un poème particulier. Magnifique définition du poème qui en fait cette figure indéfiniment féconde, cette nuit de mille naissances, cette forme auguste prêtée à la poésie sans forme qui en chacun de nous n'attend qu'un rythme et une voix. Pureté pleine de possibles, cristal où chaque homme vient comme Narcisse se pencher pour aimer une figure inconnue de soi-même, diamant nocturne où chacun vient allumer ses propres étoiles, le poème naît ainsi en chaque âme à une vie différente, et chaque âme naît en lui à sa propre vie.

*

Prenons garde toutefois que cette belle définition ne nous engage dans le problème scolaire du « fond » et de la « forme ». Il n'y a dans l'opération créatrice qu'un problème qui n'est ni de fond, ni de forme, ni de l'accord entre fond et forme, mais de langage. Au moment où l'œuvre naissante commence de paraître dans l'esprit de son créateur, elle y apparaît comme forme, et si profondément que cette forme puisse et doive être modifiée par le travail, les retouches, les reprises, elle ne fait que devenir davantage elle-même. L'artiste n'a pas son point de départ dans je ne sais quelle substance indéterminée dont il tirerait une figure ; il procède d'un schéma provisoire et modifiable à une existence complète, ce qui revient à dire que l'effort du style n'a pas pour but d'ériger la figure de l'œuvre au-dessus de son contenu, mais d'incarner dans l'œuvre ce qu'elle doit contenir, ou plus simplement de l'y introduire. Il en résulte qu'une forme *insignifiante* n'est point belle, qu'une œuvre est d'autant plus chargée de signification qu'elle a plus de style, le travail du style n'étant rien que l'opération qui consiste à charger de sens le langage. D'où l'absurdité du mythe pseudo-romantique de la spontanéité de l'inspiration : il n'y a de spontané que le verbalisme.

*

L'œuvre d'art ne s'élève pas sur une « matière », mais sur une discorde et sur un abîme, puisqu'elle tend à unir et à dépasser dans une signification unique des caractères et des pouvoirs que le monde n'offre à l'artiste que séparés. La statuaire compose de rudes substances inertes le mouvement et la volupté des corps ; le peintre transporte les jeux de la lumière dans un monde à trois dimensions dans les rapports de couleurs plates, et tout art compose dans le temps ou l'espace l'immobilité et le mouvement. Il y a dans la pierre la plus brute une possibilité de regard, de lèvre et de sourire, comme il y a, dans le plus furtif mouvement de ce corps périssable, une possible éternité. L'œuvre propre du créateur est de donner cette chance d'être chair à la pierre, à la chair cette chance d'être éternisée. Il y a de même dans le plus aveugle des fantômes de l'esprit une chance de se muer en figure et en signe, dans le plus banal et le plus usé des mots quotidiens une charge de ténèbres, une part ineffable du monde. La mission propre de la poésie est d'offrir au plus solide du langage et au plus mystérieux du monde le lieu d'une miraculeuse coïncidence. Les deux pôles de cet art singulier sont ainsi celui de l'extrême rigueur et celui de l'extrême richesse, le plus secret et le plus vivant de la chair universelle et le langage dans les combinaisons de la plus haute stabilité. Si l'on admet avec Vinci qu'un art comporte d'autant plus de discours que les matières antagonistes qu'il affronte dans leur contradiction et astreint à une unité qui leur est naturellement étrangère, sont à l'origine plus séparées, on peut tenir que la poésie est l'art du plus haut discours, celui qui propose à l'artifice humain le problème le plus étendu.

*

Extraordinaire destin d'un art qui use précisément du langage pour maîtriser ce qui par nature échappe au langage. De la contradiction essentielle à une telle opération résulte la nature de la poésie et ce qu'on pourrait appeler son équivoque vitale. L'œuvre du poète ne vaut que par ce qu'elle comporte en même temps et au même degré d'explicable et d'inexplicable. Elle est l'incroyable étincelle qui réunit les atomes mêmes du miracle aux atomes de l'extrême nécessité. Elle ajoute à la fonction habituelle et *usuelle* des mots une fonction supérieure et imprévisible, elle les insère dans une double disposition où leur sens et leur assemblage selon le sens leur donne leur charge de lumière, tandis que leur assemblage sensuel et sonore leur attribue en même temps une charge de nuit. Le poète usant des mots pour dire, non pas leur sens seulement, mais au-delà de leur sens leur correspondance incantatoire au monde qu'ils ont charge de maîtriser, on peut le définir comme l'homme qui se sert des mots non pas seulement selon leur sens, mais selon leur pouvoir. Dans les mains du poète, la prise du langage sur le monde est magique, et non logique seulement.

*

De là résulte pour la poésie une double contrainte à laquelle elle ne saurait échapper sans s'anéantir elle-même, puisque dans cette double contrainte est précisément sa nature distinctive. Le poète cesse d'être poète à l'instant où il sacrifie délibérément le pouvoir du verbe poétique à la seule signification *usuelle* du langage ou, inversement, la signification usuelle du langage à ce magique pouvoir. Il n'y a langage poétique que là où la chair miraculeuse du monde se *figure* dans la dure substance de l'œuvre, où le verbe prend possession du monde au delà de la maigre puissance de signifier. Enfermé délibérément dans l'univers logique ou dans l'univers magique, le poète cesse d'être poète, il compose des alexandrins d'école ou des incantations de sorcier. Nous avons admis qu'il n'y a d'œuvre d'art que là où il y a coïncidence de lois et composition de substances hétérogènes ; il n'y a de poésie que dans la combinaison et le dépassement des pouvoirs antagonistes du langage. Le poète qui cède à l'une ou l'autre des deux tentations éternelles, se satisfait de créer de simples combinaisons

15

rythmiques de mots qui s'épuisent dans la seule signification, ou se donne, au contraire, un langage entièrement ductile et docile, fait exploser dans un verbe sans résistance l'univers dont il se croit porteur avec ses blocs errants, ses orages, ses nébuleuses, ce poète méconnaît la dignité propre de la poésie qui est d'être une des formes les plus hautes de la dialectique humaine, une activité proprement démiurgique, le combat même du cosmos et du verbe. Vouloir que la création poétique soit guidée par la raison usuelle, vouloir qu'elle soit guidée par je ne sais quelle incitation irrationnelle, c'est la définir du dehors, c'est l'astreindre au souci d'une signification ou à la dictée d'une « inspiration » *également extérieures à elle-même :* c'est diminuer jusqu'à en faire la servante d'un dessein préalable ou la secrétaire d'une impulsion antérieure une opération qui doit, au contraire, être conçue comme violente et dominatrice. La « raison » et l' « inspiration » — que de confusion et de paresse de penser dans ces deux mots ! —, c'est-à-dire la part domptée et la part rebelle du monde, doivent être au service de l'acte poétique comme des thèmes dociles, non l'acte poétique à leur service.

*

La poésie ne se conçoit que comme l'acte par lequel passe dans les formes du langage ce qui est par essence étranger à ces formes, l'acte par lequel est dit ce qui n'est pas destiné à être dit. L'école surréaliste a bien reconnu que le domaine propre du poète est dans les limbes de ce qu'on pourrait appeler le réel non « rationalisé ». Sa naïveté a été de croire que l'activité discursive et pratique de l'homme ayant épuisé la réalité miraculeuse du monde rationnel et usuel, la création poétique se trouvait rejetée dans le seul domaine encore vierge, dans une nuit délivrée des formes simplifiées et arbitraires de l'univers pratique. L'acte poétique ne pourrait ainsi retrouver son authenticité qu'en libérant son automatisme figurateur des servitudes auxquelles l'astreint l'usage grossier de l'outil rationnel et

16

se confondrait presque avec l'exercice de l'hallucination volontaire. Il y a dans cette doctrine intransigeante une louable volonté de ramener ascétiquement l'opération créatrice à la plus pure authenticité possible. Mais rien n'autorise à croire que les seuls *souterrains* de l'âme aient le pouvoir de mettre l'esprit en communication avec le mystère universel ; il est permis de voir dans nos rêves moins notre réservoir de réalité vierge que des résidus de la vie consciente antérieure, de sorte que l'inconscient, loin d'être la source profonde et inépuisable des sommaires activités rationnelles, pourrait bien en être le plus souvent le produit de désagrégation, le vestige schématique et dissocié. La croyance en une union homogène de la vie irrationnelle de l'esprit et de la réalité n'est plus, ni moins arbitraire que la croyance en l'union homogène de la réalité et de la raison. Rien d'autre part n'autorise à penser que l'activité raisonneuse et instrumentale de l'esprit, si schématique qu'elle soit, ait le pouvoir de détruire la substance poétique dans la réalité où elle s'applique. Les ressources du poète ne sont pas seulement dans la nuit stupéfiée où il élève ses fantômes, elles sont aussi dans le sensible et solide univers où il marche, respire et jouit. La création poétique n'est pas d'abord rêve, mais d'abord veille, profonde et juste vigilance. Le manque de sensibilité poétique des théoriciens surréalistes se mesure à leur incapacité de surmonter la grossièreté à courte vue de la raison usuelle, de découvrir tout ce qui subsiste d'ineffable et secrète réalité dans le plus clair soleil de la conscience habituelle. La faiblesse du surréalisme n'a pas été seulement d'oublier tout ce qui subsiste de rationnel dans l'univers enseveli où il croit fuir le rationalisme, mais d'oublier tout ce qui subsiste de miracle dans l'univers de la clarté.

*

Le caractère parfois ésotérique de l'entreprise surréaliste, l'aristocratique mystère dont elle a entouré ses recherches, le style insolite et déconcertant de certaines des œuvres qu'elle a produites, ont été pour cette entreprise un appui non négligeable, encore qu'extérieur. Le surréalisme a rencontré en effet, et exploité la fortune, de tourner contre lui le ressentiment du « sens commun » contre tout ce qui le dédaigne ou le déroute, et cette tendance insolente et grossière des esprits médiocres à se faire gloire de leur incompréhension comme d'un signe de santé intellectuelle : le grand nombre des lecteurs fait grief à certaines œuvres d'une difficulté de lecture qui leur est pourtant en général extérieure, l'obscurité n'étant point le plus communément dans les livres, mais dans l'esprit de ceux qui les jugent. Le surréalisme a eu ainsi le bénéfice d'assez sottes attaques, qu'il avait lui-même savamment sollicitées et dont il ne méritait pas toute la gloire, puisqu'elles n'étaient point provoquées par ce qu'il contenait de plus fécond et de plus valable, mais par les appâts de l'énigme et du scandale qu'il avait tendus lui-même aux ébahissements, aux indignations et aux dédains dont il voulait se faire une parure. Il en est résulté pour le surréalisme un intérêt et une faveur qui, eux non plus, ne lui étaient point dus entièrement, dans la mesure où ils étaient moins une réaction directe aux œuvres qu'une réaction aux attaques que ces œuvres suscitaient contre elles, et qui apparaissent moins comme le signe d'une compréhension véritable que comme une sorte de négatif de l'incompréhension. Il importe, pour juger exactement le surréalisme, de se délivrer de *l'appareil de provocation* dont il s'est entouré et qui pourrait donner le change sur sa portée véritable. L'étrangeté apparente et artificielle des œuvres surréalistes a pu porter dommage à leur étrangeté principale et, si l'on ose dire, capitale, à la gloire qu'elles revendiquent d'avoir étendu le domaine de la création poétique à des dimensions de l'univers, à des profondeurs de la vie de l'esprit jusque-là négligées et tenues pour inutilisables. Toute tentative pour étendre le champ des investigations humaines à un domaine vierge apporte avec elle une obscurité inévitable, dans la mesure même où elle introduit dans les activités de l'esprit une matière encore indocile à ses catégories habituelles et met le regard humain aux prises avec le premier éblouissement d'une clarté ou d'une nuit d'abord aveuglantes. La seule question est de savoir si l'œuvre de désorientation entreprise par le surréalisme n'a pas eu d'autre résultat que de faire réapparaître à travers des fumées factices les chemins les plus battus de l'univers littéraire connu, ou si, en libérant un instant la pointe attentive de la pensée de ses pôles habituels, elle a su la rendre sensible à de plus lointaines et plus secrètes aimantations.

*

Le sens commun a surtout fait reproche au surréalisme de ce que le surréalisme contenait de meilleur et de plus aisément justifiable : l'audace avec laquelle il a tiré les conséquences de l'idée, absolument incontestable, que les matériaux de la poésie, et ceux de l'art en général, ne se limitent point à ce que fournit la conscience claire habituelle. Or, il n'y a rien qui soit plus certainement dans la nature de la poésie que cet effort vers un mystère indifférent ou rebelle à nos autres activités. Il n'y a rien qui soit plus certainement dans la nature, aventureuse et conquérante, de l'esprit humain lui-même. Au point que le surréalisme n'a fait, peut-on dire, que donner le caractère d'une méthode exclusive et systématique à un procédé de l'esprit qui appartient à l'activité poétique de tous les temps, et que toute œuvre poétique, quelle qu'elle soit, peut en un certain sens être dite surréaliste. On peut reprocher à l'expérience surréaliste, comme à l'expérience freudienne, les préjugés qui les ont conduites à limiter le champ de leurs investigations à telle ou telle partie de l'inconnu mental. Leur reprocher, comme l'a fait le sens commun, leur « appel à l'inconscient » est le dernier mot de l'absurdité ; puisque la méthode de Freud n'a eu d'autre but que d'amener dans le champ et la juridiction de la conscience claire les parties de l'homme jusque-là aban-

19

données à la nuit ; puisque le surréalisme n'a eu d'autre but que d'incorporer les parties indomptées et secrètes de la vie mentale aux productions objectives et transmissibles de l'activité poétique, freudisme et surréalisme peuvent être considérés non comme des « appels à l'inconscient » mais comme des appels à la conscience, comme tendant à transformer de l'inconscience en conscience. A ce titre, il ne peut être contesté qu'ils aient fourni l'un et l'autre, aux recherches et aux œuvres de l'avenir, un surcroît de matériaux. Quoi qu'on pense du surréalisme, le domaine conquis et occupé par lui appartient désormais à l'activité poétique, et si un classicisme naissait demain, ce domaine s'y trouverait naturellement incorporé.

*

Mais le surréalisme semble avoir été une méthode de connaissance ou d'investigation poétique plus qu'un instrument de création poétique. Il s'est manifesté surtout comme un simple système d'enregistrement et de notation des complexes événements qui se déroulent dans l'épaisseur de l'âme, et s'est occupé surtout de nous les *livrer* fidèlement, ou du moins de les organiser selon une méthode qui évoquât pour nous leur désordre et leur incohérence, engageant ainsi la littérature dans une voie imitative qui n'est pas plus la voie véritable de la poésie que la voie véritable de la musique. Le surréalisme a oublié que la matière propre dont dispose le poète n'est pas une *matière mentale,* mais une *matière verbale ;* que son rôle n'est pas dans la vaine entreprise d'enregistrer ou de reproduire dans leur mouvement même les images formées dans la conscience du poète, mais d'assembler des mots de façon à les douer d'une puissance incantatoire inépuisable. Le surréalisme s'est ainsi orienté vers une description de la surréalité aussi apoétique en elle-même que la description de la réalité objective. L'activité propre du poète n'est pas de faire naître en lui des fantômes pour les enfermer dans les mots, mais de faire éclater les fantômes que le mot tient en lui enfermés. Elle n'est rien qu'une certaine façon de désigner qui suscite la présence de ce qu'elle désigne. Et dans la mesure même où il tend à donner à la réalité, objective ou mentale, *désignée,* la force de présence de l'hallucination, on peut dire que le poème n'est point un moyen pour la conscience d'inscrire l'hallucination, mais l'hallucination la forme *vers laquelle tend* l'élaboration du poème. Il faut donc être reconnaissant au surréalisme des étendues ou des profondeurs dédaignées, des insoupçonnables richesses qu'il a ouvertes à l'activité poétique, et même des méthodes de désorganisation, de dissociation, de désappropriation qui ont tendu à rendre aux objets du monde, émoussés et usés par la pratique humaine, leur intensité d'existence et leur valeur *saisissante.* Il faut reprocher à ses poètes de s'être plutôt souciés de déposer sous nos yeux et de *mettre en valeur* dans leur éclatant désordre les trésors ramenés de leur plongée au-delà de l'écorce du monde, plutôt que de les *détruire* dans le travail de métamorphose d'une création véritable. Le surréalisme ne représente à cet égard que la première phase d'une dialectique qui doit conduire à l'utiliser, c'est-à-dire à le surmonter. Il reste à *compenser* par un surcroît d'attention claire, de composition, de rigueur, le caractère fuyant et énigmatique de l'univers qu'il nous a conquis.

*

L'acte poétique est le type le plus haut et le plus général des actes qui détournent les substances sur lesquelles ils s'exercent de leur destin naturel : il est l'acte créateur dans sa pureté.

*

La fonction de la poésie étant d'évoquer par ses moyens propres la part ineffable qui se trouve en chaque chose nommée, les actes poétiques apparaissent comme le moyen le plus efficace dont nous disposions pour explorer ce qui dans l'univers se refuse au langage explicite. Ajoutant à chacun des mots du langage usuel ce qu'il ne dit pas, rendant chacun à ses limites, rétablissant derrière chacun l'ombre de l'indicible dont il est le signe, ils accroissent dans des proportions sans mesure, sinon notre prise sur l'univers, du moins notre pressentiment de lui. La poésie libère le langage des murs étouffants du discours habituel, elle le jette dans l'espace cosmique et lui permet de se répercuter d'écho en écho jusqu'aux parois mêmes du monde. Ainsi, plutôt que l'art du langage, est-elle l'art des silences qui rendent au langage sa dignité. Une des innombrables erreurs du sens commun est d'opposer la « poésie » à la « réalité » : c'est dans son utilisation habituelle que le langage nous cache la réalité sous son épiderme opaque ; la poésie rend au langage sa trouble profondeur, elle nous fait entrevoir au-delà de lui, au travers de lui, les réalités que nous ne mesurions ordinairement que selon leur schéma utilisable, elle nous ouvre au-delà des mots les plus simples une transparence insondable et vertigineuse de mer. Par là, elle possède sur le monde une prise *indéfinissable,* mais assurément plus grande que ne saurait l'avoir le langage réduit à sa qualité intelligible, — une plus grande puissance de réalité. Par là, elle possède aussi, comme toute opération créatrice, une qualité rationnelle particulièrement haute, — dans la mesure même où la *raison* véritable doit comporter la critique et le dépassement de la « rationalité » commune, dans la mesure où la véritable conscience viole les limites étroites de la commune « conscience claire ». L'*irrationalité* de la poésie, comme son *irréalité,* appartient à la mythologie la plus vulgaire. On peut définir au contraire la poésie comme une raison supérieure, à laquelle la raison commune ne suffit pas. Sa valeur singulière, en tant qu'instrument de connaissance, naît précisément de ce qu'elle crée, comme dans son ciel propre, dans cette dimension des choses qu'ignore la raison discursive. L'opération poétique refuse et confond cette déraison de la raison humaine qui croit posséder la substance des choses, elle entraîne le créateur dans ces marges de l'univers que l'habituel langage laisse vierges et blanches, et, restituant les rapports du monde et de l'esprit dans leurs proportions véritables, elle nous enseigne ou rappelle, par son procédé propre, l'inadéquation certaine de l'univers et de nos moyens de nous le figurer.

*

La connaissance poétique n'est point seulement à la recherche d'une lueur dans la nuit, mais des ténèbres dans la lumière : elle voit au-delà des pâles formes du visible, elle sait qu'il y a beaucoup plus de secrets dans l'univers que n'en saurait cacher le faible manteau du jour. Elle ne cherche point l'explication des miracles, mais l'incompréhensible de l'ordinaire. Tout regard est pour elle de sphinx, toute parole de Sibylle, le brin d'herbe et l'arbre recèlent chacun leur dieu amical ou terrible, le soleil n'est que l'ombre brillante du néant, et sur la feuille apparemment blanche, la plume dont elle se sert n'oublie pas de suivre les filigranes de l'abîme.

*

Seule raison que ne berce point la comique illusion d'épuiser les objets auxquels elle s'applique, la poésie tire pour nous des jouissances indéfiniment neuves d'un monde éternellement vierge. Elle nous donne donc la forme la plus haute de la connaissance, ou, si l'on veut, ce que nous savons de moins inexact de notre véritable *condition.* Il est temps de dégager la poésie de l'attirail burlesque dont l'imagination vulgaire, et d'abord celle des poètes, l'a trop volontiers affublée. La poésie n'a pas le moindre commencement de ressemblance avec la folie, ou la fantaisie, ou la rêverie. Le poète, autant qu'il est proprement poète, est beaucoup moins rêveur que le mathématicien, puisqu'il ne prétend point substituer les signes qu'il assemble à la réalité dont ils peuvent seulement évoquer imparfaitement la présence. Le bizarre déguisement moral que la sottise commune inflige au poète, la souffrance, la distraction, l'enthousiasme, l'imagination inquiète et vagabonde, ce déguisement adapté à la mode du jour sous la forme des stupéfiants et du somnambulisme, appartient au même ridicule magasin d'accessoires inutiles que le nœud Lavallière, les grands cheveux, le grenier mal chauffé et la crasse. Il faudrait arracher le poète à son rôle grotesque d'amoureux déçu et torturé, de mage ou de visionnaire, le délivrer de son trépied pythique et de ses pellicules, rendre à son activité le caractère proprement démiurgique qui lui appartient de droit. Il faudrait ramener l'acte poétique à sa nature véritable, qui est d'être l'opération de l'esprit la plus rigoureuse en même temps que la plus apte à saisir ce que nulle rigueur ne mesure, il faudrait reconnaître à l'acte poétique sa dignité qui est celle de la conscience et de la responsabilité suprêmes, — celle de la raison dans l'effort qui lui permet de critiquer et de dépasser la rationalité vulgaire. Alors, on rendrait à la création poétique cette justice, qu'elle est le moyen de nous fournir de notre univers les images les moins fausses et les moins imparfaites, et pour tout dire l'occupation la plus raisonnable du monde.

*

Tendant à donner au langage un autre pouvoir que son pouvoir habituel, la poésie peut être tenue pour l'antagoniste du lieu commun. Elle est un « langage à l'état naissant », dit Valéry, signifiant par là que le langage retrouve en elle sa virginité. Tandis que le langage commun s'applique aux figures de l'univers avec la même indifférence que l'homme met à dire le prénom d'une maîtresse habituelle, le poète nomme les objets et les êtres avec une gravité baptismale. A vrai dire, il semble qu'il ne les nomme point seulement, mais en les nommant les engendre. « Tu seras mer. Tu seras femme. Tu seras arbre. » Le langage retrouve sa fonction, que j'ai dite démiurgique, de *verbe*, l'acte de *désigner* apparaît dans sa majesté originelle, il appelle le monde à naître une nouvelle fois.

*

Une étude précise du procédé de la création et du mécanisme de l'impression poétiques ne saurait aboutir à des définitions satisfaisantes, puisqu'elle se déroulerait dans l'inexplicable ; elle pourrait cependant donner d'importants résultats, à la condition de s'appliquer aussi rigoureusement que possible non pas même à des poèmes, mais aux combinaisons verbales les plus brèves et les plus explosives, et comme chargées d'une force dévorante : « *Comme le jour la claire nuit efface... C'est le pur sang du dieu qui lance le tonnerre... Un jeune homme inondé des pleurs de la victoire.* » On pourrait alors conclure que le poète utilise de telles combinaisons inhabituelles pour créer le pressentiment que l'objet désigné dispose d'autres pouvoirs que ceux auxquels nous faisons appel usuellement, et que la poésie est langage de l'allusion et du contraste. Mais, nous ayant ainsi avertis et étonnés de tout ce que les choses qu'il désigne peuvent nouer de rapports cachés, le poète se retourne alors vers les liens les plus connus de ces choses et leurs pouvoirs les plus ordinaires, et jusque dans ces liens et dans ces pouvoirs, dont nous nous étonnons le moins, il nous fait ressentir la miraculeuse substance qui habituellement nous y échappe. — « La moisson de nos champs lassera les faucilles... L'âme pleine d'amour et de mélancolie... » Il n'y a là nul appel à des pouvoirs insolites, nulle superposition du visible à l'invisible : seulement les tableaux les plus familiers, les associations mentales les plus communes de la terre. Mais sachant *d'autre part,* par les procédés qui lui sont propres, rappeler dans les termes du langage les ressources de miracle qu'ils sont aptes à contenir, le poète peut *revenir impunément vers le connu* et faire jaillir de la plus banale matière verbale les rayons d'un métal enchanté. Ainsi ne nous dévoile-t-il pas seulement les rapports extraordinaires ou ordinairement inaperçus de l'univers, mais aussi tout ce qui subsiste d'insolite et de miraculeux dans l'ordinaire. Il n'est pas de coin si foulé dans le monde, que le poète n'y fasse jaillir sa floraison d'inexplicables secrets.

*

Ce serait donc trop peu dire, que de dire que le poète préfère naturellement le difficile : il sait en cas de besoin rendre leur difficulté profonde aux plus lâches et aux plus mal défendues des facilités. Il n'a donc point comme loi ce que le futile sens commun appelle clarté. Mais le futile sens commun ne se lasse pas et la querelle de l'obscurité renaît, peut-on dire, tous les siècles, encore que Pontus de Tyard l'ait réglée de façon splendidement décisive, disant que le poète n'écrit pas pour n'être pas compris, ni pour s'abaisser au vil niveau du vulgaire, et qu'il adresse ses poèmes à ceux-là seuls « qui sont nés d'aussi lourde connaissance ». Mais une juste défiance à l'égard du lieu commun incite volontiers certains poètes à retrancher leur œuvre derrière des difficultés arbitraires. Le poète ouvre à son lecteur un merveilleux espace entre la signification usuelle du langage et le riche et inaccessible univers que le langage reçoit de lui sa mission d'*évoquer*. L'hermétisme, véritable trompe-l'œil poétique, substitue à cette distance ineffable entre le pouvoir signifiant du langage et le mystère universel une distance artificiellement calculée entre le langage et la signification. Il couvre ainsi d'une obscurité préméditée la clarté du langage alors que la fonction de la poésie est de faire sourdre le mystère du plus profond de la clarté. Il cherche à faire naître l'étonnement poétique du sentiment de l'obscur, alors que le véritable mystère poétique naît de la poésie même.

*

Cette protection du poème par des défenses extérieures n'a pas seulement l'inconvénient de provoquer chez le lecteur des doutes sur la résistance propre et la valeur propre d'une substance poétique dont on a cherché à lui rendre l'approche si malaisée. Renversant le procédé naturel de la connaissance poétique, qui va d'une forme de langage relativement simple vers les secrets qu'elle enferme et constitue ainsi une marche vers les régions vraiment inépuisables du monde, l'hermétisme nous invite au contraire à aller d'une forme arbitrairement difficile vers un sens d'autant plus sommaire et d'autant plus décevant qu'il se découvre plus complètement. Il ne nous offre donc qu'une poésie apparente, qui, loin de se charger, à mesure que le poème est plus connu, plus médité, plus répété, de rayonnement et de puissance, se désagrège au contraire sous l'effort de la réflexion qui s'y applique et s'anéantit avec l'obscurité elle-même.

*

Il faut noter aussi que la disposition d'arbitraires difficultés détourne l'attention du lecteur de la signification poétique du poème vers sa signification littérale et tend par conséquent à briser l'union en quelque sorte surhumaine du poème avec celui en qui le poème agit, à entraver la naissance de ce dieu momentané, possesseur émerveillé du monde, que le poème enfante dans l'âme qu'il pénètre, et qui dure autant que lui. Ou bien, à cette fusion nuptiale et à sa volupté éblouissante, se substitue l'effort d'un déchiffrement presque scolaire, où l'attention se décourage et l'esprit se laisse emporter au cours musical du poème, s'abandonne au seul enchaînement des sons. Ainsi la hautaine prétention du poète hermétique aboutit en fin de compte au même résultat que les grands alignements d'insignifiances sonores de Musset ou de Hugo. Une certaine nature de difficulté, par la lassitude qu'elle provoque, ramène l'esprit aux invitations de la facilité.

Pour qui réfléchit une seconde aux événements complexes qui se déroulent dans l'esprit de l'auditeur d'un poème, il devient clair que le poète joue en même temps, à l'égard de cet auditeur, de l'attente et de la surprise. Dans l'obligation où il se trouve de donner à chaque moment de l'enchaînement verbal qu'il crée la force explosive d'une opération magique, à chaque mot la puissance de foudre dont son utilisation courante l'a lentement déchargé, le poète est astreint à une feinte continuelle, à une continuelle substitution. Dans le discours habituel l'attente de l'esprit est en principe exactement remplie par le mot qui lui arrive, tandis que dans la poésie elle doit être constamment trompée et dépassée dans l'*in-attendu*. Mais cet inattendu lui-même répond à une attente, ce miracle est inséré dans la chaîne d'une nécessité : ou, plus exactement, chaque élément poétique, chaque instant verbal doit exploser somptueusement dans la conscience, s'ouvrir en corolle de feu dans le vide d'une attente habilement organisée. Le poète nous prépare une surprise, il nous aimante tout entiers vers une déception miraculeuse, et par une feinte dans laquelle il nous précipite, il nous fait nous attendre à autre chose que cela précisément que nous attendons. A tel point que lorsque le poète faiblit au point de ne nous donner que cela précisément à quoi il nous prépare, nous définissons volontiers cette banalité à laquelle il succombe par le mot même d'*attendu*. Le poète doit nous conduire de surprise en surprise, et il faut qu'il nous trace la voie où il nous prépare ses pièges. La forme fixe, la cadence apparaît à cet égard dans la poésie comme le moyen de la création de l'attente, comme le moyen pour le poète de marquer à l'avance la chaîne des instants prévisibles que doit combler comme des moules de pur silence la puissance incantatoire des mots, *comme la*

définition du mystère selon lequel quelque chose se produira.
La régularité du poème est ainsi l'unique moyen dont le poète dispose pour donner à l'imprévisible le caractère de la nécessité : elle est un élément capital de la dialectique du poème dont elle complète et combat en même temps l'éblouissante imprévisibilité. Elle crée pour l'âme la chaîne d'attentes prédestinées aux foudres éclatantes du langage, les sommets, les nuits, les silences marqués pour la visitation. De là résulte que celui qui renonce pour son compte aux chutes régulières de la mesure, aux contraintes d'une cadence (verset, poème « en prose »), peut assembler le plus magnifique des langages poétiques, il ne construit pas un poème : une phrase de Lautréamont ou de Claudel sont assurément poétiques, — chargées de poésie — mais non pas autrement que peut l'être une phrase de Chateaubriand ou de Giraudoux. Le poème n'existe que là où existe cette prise de possession implacable de l'âme dont le rythme est l'instrument ; il n'existe que là où l'âme, maintenue par les chocs répétés et réguliers d'un mécanisme exact dans une sorte de torpeur vigilante analogue à la *nuit* réceptive des voyants, s'anéantit à tout ce qui n'est pas en chaque instant la pure attente de ce qu'elle ne saurait prévoir.

*

La poésie concentre l'esprit au plus haut de sa vigilance pour une minute de possession des secrets de l'univers. Elle n'est point prière, mais création, événement non point mystique, mais magique. L'Univers n'y envahit point une âme qui s'ouvre et s'abandonne, il y ouvre ses portes souterraines, il y assemble ses pierres en forme de villes, il y couche ses tigres sur les pas du chant humain.

II

Si le ciel français, le langage français, l'histoire française ne peuvent réellement apporter rien de décisif à l'explication de chaque poète français, ils n'en ont pas moins imposé à tous les poètes français un certain nombre de conditions permanentes d'existence et de création, qui, bien qu'extrinsèques à la nature du fait proprement poétique, n'en ont pas moins déterminé les formes sous lesquelles les œuvres sont parvenues à l'existence. Il n'est pas indifférent de connaître ce que les circonstances françaises ont apporté devant les pas des poètes français de concours ou d'obstacles, à quelles nécessités elles ont soumis l'exercice de la poésie. Or, il semble bien que la poésie ait eu en France le bénéfice de difficultés particulières.

*

La poésie française a eu d'abord l'avantage de naître, et de mûrir ses œuvres, au sein d'un peuple et d'un langage particulièrement rebelles aux enchantements « poétiques » vulgaires. Cette particularité donne à la poésie française, dans la littérature française, un domaine beaucoup mieux délimité que le domaine poétique grec, anglais ou allemand, ou irlandais. Les plus grands prosateurs de l'Allemagne ou de l'Angleterre, Shakespeare, Goethe, sont aussi leurs plus grands poètes. Il a pu se faire, en France, qu'un grand poète écrivît aussi dans une prose sans défaut ; mais cette prose n'était pas son instrument véritable, il ne s'en servait que par nécessité ou renoncement, et elle n'a alors, le plus souvent, avec ses vrais ouvrages, ses ouvrages poétiques, aucune loi commune, et presque aucun point de ressemblance. Les plus grands prosateurs français ne sont qu'exceptionnellement poètes ; les plus grands poètes français ne sont qu'exceptionnellement prosateurs. Les vers de Bossuet sont détestables. La plus classique tradition de notre prose exige des articulations rationnelles, élégantes et visibles, une rigueur analytique apte à épuiser les objets auxquels elle s'applique, une haine solaire de toute ombre, une méfiance à l'égard de toutes les incantations, — ou parfois au contraire une éloquence et une harmonie toute discursive qui en font une forme du langage aussi éloignée que possible du langage poétique. La meilleure prose hellénique ou germanique est la plus chargée de poésie : celle de Platon, celle de Nietzsche. Le langage français est de tous les langages le plus vide de mètres et de tonalités : ce qui fait que manque entre la prose et la poésie françaises cette parenté qu'établit ailleurs entre prose et poésie une commune obéissance aux nécessités musicales. Certes, il existe en France une prose toute chargée de poésie, mais c'est qu'alors la poésie descend dans la prose de son ciel le plus inaccessible et se pose sur la prose comme une grâce. Il n'y a point pour l'homme français de chemin naturel ouvert de l'émotion, guerrière, amoureuse ou intellectuelle, à la poésie. Il n'y a rien d'analogue, dans notre littérature, à ces passages shakespeariens du langage de la prose au langage poétique, aux vrais moments de haute tension du drame, où la poésie grandit dans la prose avec l'intensité de la prose elle-même, avec l'entrée dans le langage des tempêtes, des sorciers, des meurtres, où la prose finit par éclater en poème lorsque sa charge poétique lui devient en quelque sorte intolérable. La poésie française a, dans le langage français, son domaine propre, elle ne se mêle point à la prose, elle ne lui dispute pas ses thèmes, elle ne lui prête pas son secours dans les grandes occasions, elle ne donne aucune aide à la prose, et elle n'en attend rien.

*

Il est des nations où le langage populaire paraît tout chargé de poésie avant même que la poésie s'en empare, et fournit ainsi aux activités poétiques, humbles ou savantes, des ressources inestimables. Dans la langue française, on pourrait croire que les mots ont moins de puissance poétique qu'en aucune autre. Il semble que depuis de longs siècles, depuis Villon peut-être, tous les mots de ce langage usé, décharné, intellectuel, aient cessé d'être chargés de la rosée du matin, du suc des fruits, de la saveur des caresses, de la douce chaleur du jour ; ils sont sans chair et sans substance, d'une précision et d'une élégance algébriques, ils se sont cristallisés dans le même ambre dur que les résines hyperboréennes, revenant au cours des siècles de leur trouble opulence de sèves à la pureté minérale. Il en résulte que si la poésie des peuples étrangers peut paraître le chant même de ces peuples, la sécrétion en des âmes choisies de leurs plus profonds organes, leur suc de fièvre, de haine, d'espoir, d'angoisse, la poésie française est séparée tout entière du travail biologique de la France, elle est la savante utilisation des matériaux les plus élaborés de notre culture. La poésie anglaise ou allemande contient l'Allemagne ou l'Angleterre alors que la poésie française ignore la France, se montre incapable d'utiliser avec bonheur la tradition française, les légendes françaises, les inquiétudes françaises, les génies du sol français. La poésie allemande ou anglaise est d'abord l'Allemagne ou l'Angleterre : la poésie française est d'abord la poésie. Il n'y a presque pas dans le peuple français de poésie diffuse, de puissance de création poétique, de *folk-lore.* Sa poésie nationale ne s'alimente point aux profondes réalités de son sol et de sa mémoire, mais à une rhétorique ridicule et à la plus pompeuse emphase de tribune. Notre chant national est la *Marseil-*

laise. Lorsque la poésie française croit retrouver les réalités nationales, elle descend seulement dans le domaine de la mauvaise littérature. C'est que sa nature est d'être essentiellement *littéraire*.

*

De ce que la patrie de la poésie française est moins la France que la littérature, de ce qu'il n'y a point de chemins et de vaisseaux qui conduisent tout droit dans les œuvres de nos poètes la sève de notre terre et les pulsations de nos cœurs, il résulte que la poésie française se défie de toute matière brute, et n'accueille volontiers les objets, les êtres, les sentiments que perfectionnés et ennoblis par une cohabitation déjà longue avec la littérature. Il faut, en France, aux matériaux de la vie et de l'histoire, avant d'entrer dans le cerne magique où les attend leur combustion suprême, une étape ou un stage dans la littérature, qui les élève à la dignité de thèmes, — comme il faut aux éléments minéraux, avant de se convertir en flammes de force, d'amour, de regard, de grâce, de pensée dans les organismes supérieurs, une première élaboration végétale. La poésie française, qui demande à être tenue à l'écart des substances brutes du monde par un rempart littéraire de protecteurs et d'intermédiaires, doit à cette tutelle de la littérature sa puissance et ses impuissances, ses réussites et ses échecs. Les plus directs de nos poètes, Villon, Apollinaire, n'ont, pour ainsi dire, jamais condescendu à l'expression ou à la description pures et simples. Lorsque la poésie française se fait nationale et guerrière, elle se garde de puiser naïvement dans la tradition nationale, de raconter les Croisades ou Jeanne d'Arc, ou Louis XIV. Aucun des grands événements de notre histoire n'a donné naissance à un grand poème. Napoléon n'inspire à Hugo que des déclamations insupportables. Il faudra bien s'apercevoir un jour que les chansons de geste sont des œuvres consciencieuses et médiocres, généralement illisibles. Le jour où Ronsard veut donner à la France un vaste

33

poème national, il ne choisit point un grand héros ou un grand événement de l'histoire de France, mais un héritier imaginaire des héros homériques, le fondateur de la patrie française devant avoir, pour être reconnu de nos poètes, des lettres de noblesse littéraire : et Ronsard écrit la *Franciade*.

*

En Angleterre, en Allemagne, la poésie se trouve au contact de l'âme nationale par ce qu'elle a de plus grand, de plus difficile et de plus profond, au point que les plus beaux vers des poètes allemands ou anglais finissent par se séparer des œuvres où ils ont pris naissance et connaissent aisément un destin de sentences ou de proverbes. En France, la poésie n'atteint à son incandescence et à sa dimension véritables que dans l'asile d'un étrange silence, elle va d'autant plus à l'écart qu'elle va plus profond, ses plus grands éclairs ont toujours quelque chose de secret, d'insolite et de sauvage : et ce ne sont pas en France les plus beaux et les plus forts poèmes qui ont le plus d'écho, ce sont les plus sonores. La poésie, qui est en d'autres pays le premier, le plus spontané des arts, et pour ainsi dire leur commun commencement, en est en France le sommet, la clé, la réussite la plus raffinée et parfois la plus inabordable. L'impuissance de la poésie française à donner une figure poétique à la France n'a d'égale que l'impuissance des sources, des maisons, des arbres, du ciel français à engendrer une poésie. L'ordinaire et l'extraordinaire de la vie nationale, les labours, les révoltes, les grandes aventures collectives, les légendes ont trouvé dans les autres pays un accord entre le peuple et les plus grands écrivains pour leur célébration poétique. La France réussit ce miracle d'être un des pays du monde les plus riches en admirables aspects naturels, en legs de civilisations diverses, en conquérants invincibles, en vierges guerrières, en victoires, en malheurs, d'être en même temps le pays au monde qui possède la littérature la plus riche et la plus abondante en grands poètes, et d'être le seul pays à n'avoir pour ainsi dire jamais établi de liens entre sa tradition historique, populaire, légendaire et sa tradition poétique. Le peuple français est un des plus anciennement cultivés du monde, mais les écrivains français ne lui demandent rien, et n'écrivent pas pour lui. Il n'y a jamais rien eu d'analogue, dans l'histoire littéraire française, à l'épopée grecque, au théâtre grec, au romancero espagnol, au théâtre élisabéthain, à cette poésie allemande diffuse dans les âmes allemandes, mêlée à l'existence quotidienne allemande, au point d'inspirer les musiciens, de guider et de rythmer la marche de la jeunesse, de modeler les mouvements politiques. La France est le pays d'un jeune héros qui balance un jour la fortune de César, et d'un chef barbare qui fait baptiser ses enseignes, et d'un Empereur d'Occident. La France est le pays des fées, de Geneviève et de Jeanne, elle tient dans son poing droit l'épée angélique qui fait reculer les grandes hordes dévastatrices, Attila et les Musulmans, elle délivre Jérusalem et ravage Constantinople, elle a ses rois saints et ses corsaires, saccage et éblouit l'Europe, et dans chaque siècle trouve le temps de fonder et de perdre un Empire. Rien de tout cela n'apparaît dans sa poésie. La France a tremblé d'impatience et d'espérance pour la découverte du Graal : mais ses poètes chantent les Argonautes. La France a envoyé sa jeunesse mourir au-delà des mers pour la délivrance du Sépulcre : mais ses poètes chantent une autre jeunesse, qui est allée mourir au-delà des mers pour la délivrance d'Hélène. Rien de plus prosaïque qu'une cérémonie politique française. Rien de plus étranger à la vie française qu'un poème français. Les plus populaires des poètes anglais ou allemands sont les plus grands poètes anglais ou allemands. Les plus populaires des poètes français ont été les plus mauvais de nos poètes. Il y a eu beaucoup de grands poètes en France depuis le début de ce siècle : il lui a manqué précisément ces poètes qui, un moment au moins, prennent la responsabilité de la nation entière et se font la voix même de leur patrie, comme

Kipling ou d'Annunzio. Péguy en eût peut-être été capable. Mais il avait reçu la formation la plus littéraire du monde et la plus savante, il ne revenait au ciel français, au sol français, aux travaux français que par le plus subtil détour, et ainsi le seul poète de nos blés, de nos clochers, de Jeanne d'Arc s'est trouvé être un normalien que personne ne lisait.

*

Il en résulte que la faveur populaire s'écarte presque toujours en France des poètes qui non seulement dédaignent de solliciter l'approbation de leur peuple, mais même refusent de jeter un regard sur les plus grandes heures de son destin, d'accueillir dans leurs œuvres un reflet de ses malheurs ou de sa gloire. Magnifiquement libres de leur temps et du temps même, acteurs d'un théâtre où ils ne rencontrent que leurs grands et fraternels adversaires, l'amour, le sort, la mort, la connaissance, Dieu, le mystère, masqués pour l'éternité, figés dans leurs visages incorruptibles, les plus grands de nos poètes tournent délibérément le dos à notre histoire ; et le peuple français leur rend bien leur indifférence, il ne lit, il n'applaudit, il n'aime que ceux des poètes français qui viennent lui parler de lui dans un langage qu'il comprend, c'est-à-dire uniformément les plus mauvais. Ce n'est pas à Nerval que va la faveur du public français, c'est à Casimir Delavigne ; ce n'est pas à Baudelaire, c'est à Béranger. Ce n'est pas à Rimbaud, c'est à Déroulède. Ce n'est pas à Valéry, c'est à Rostand. Ce n'est pas bon signe, pour Hugo, qu'il faille le ranger dans la catégorie de ceux qui plaisent à la foule.

*

La poésie française, lorsqu'elle accepte des thèmes religieux, montre la même défiance à l'égard de tout ce qui n'a pas déjà dans la littérature une place acquise et séculaire. Certes, le Dieu chrétien a sa place dans la poésie française, et certains des poèmes consacrés à sa gloire sont parmi nos plus glorieux poèmes. Il serait étonnant, après tout, que les poètes français ne se fussent jamais rappelé qu'ils étaient chrétiens. Mais la place du christianisme, dans la poésie française, est une place réservée. Villon, d'Aubigné, Corneille, Racine, ont écrit des poèmes chrétiens : mais c'était pour acheter ou payer le droit d'avoir écrit des poèmes qui ne le fussent pas. Dans l'œuvre des poètes français, le nom et le souci du Dieu chrétien n'apparaissent que dans le recueil final des poésies « religieuses », prières, psaumes, traductions pieuses, où la religion du poète se trouve reléguée. De sorte que presque tous nos grands classiques possèdent, en marge du principal de leur œuvre, une annexe réservée à la religion, comme ils ont une annexe réservée à l'obscénité. On reste étonné de l'admirable équilibre humain qu'annoncent des édifices poétiques comme ceux de Malherbe ou de Maynard, que n'envahit et ne trouble aucune des deux formes de l'indécence, et que flanquent, dans une symétrie parfaite, l'enclos des priapées et l'enclos des prières. C'est que le christianisme n'est pas assez littéraire, aux yeux des poètes français, pour trouver sa place dans un univers poétique qui va chercher, bien au-delà du christianisme, ses conventions, ses mots de passe, la chair même et le sang des êtres qui le peuplent. Le Dieu chrétien règne dans les poèmes qui lui sont consacrés, et alors il y règne seul. Mais la terre et le ciel de la poésie française ne sont pas peuplés de lui. Les dieux habituels de la poésie française sont les seuls dieux qui offrent la garantie d'être purement littéraires, les dieux païens. L'amour des poètes français a pour dieux Vénus, et son fils le cruel archer, non pas Dieu ; les ruisseaux et les bocages de la poésie française ne sont pas peuplés des divinités invisibles qu'y ont respecté les siècles du Moyen Age chrétien, des elfes, des fées, des génies locaux, des lutins de Brocéliande ; ils sont parcourus d'Hippolyte et d'Adonis chasseurs, habités par les « naïades saintes ». Et les anges eux-mêmes n'y sont admis qu'autant que leur nudité ailée les fait accueillir sans défiance dans la famille des Amours. Le paganisme classique offre seul aux poètes français non seulement la sécurité d'une très ancienne consécration littéraire, mais encore sa dignité de religion morte, douée d'un adorable arbitraire, désormais incapable de toute autre existence que celle qui lui est conférée par la littérature elle-même ; privé de tout contact suspect avec la « vie », il offre des figures qui doivent à l'art du poète l'intégrité de leur existence, et sur lesquelles la foi et la théologie régnantes ne peuvent revendiquer aucune part de paternité.

*

Les grands poètes étrangers puisent eux aussi, sans doute, dans la légende grecque et dans le peuple héroïque de l'Antiquité, et rendent la parole à Cléopâtre, à Iphigénie, à Empédocle. Mais la poésie anglaise ou allemande, quels que soient ses emprunts antiques ou mythologiques, reste le produit d'un sol national chrétien jusque dans sa sorcellerie et ses plus diaboliques enchantements. Tout au contraire, Scève, Ronsard, Corneille, Racine, l'école de 1830, le Parnasse peuvent se succéder, se renier, s'insulter méthodiquement, ils n'en sont pas moins accordés sur le point principal, unanimes dans la volonté de dédaigner les matériaux bruts de l'univers, et de ne reconnaître pour leur qu'une substance abstraite et purifiée : héros mythologiques, politique tirée des auteurs anciens, maîtresses désignées par les noms de l'Anthologie, cette rhétorique fait partie de la vérité poétique française, et c'est en cherchant à s'en délivrer, que les « romantiques » tombent vraiment dans la rhétorique. Les Parnassiens ne figurent pas seulement le monde à travers l'histoire ancienne et la mythologie, mais l'histoire ancienne et la mythologie à travers l'érudition. Et, symbolistes ou surréalistes, les plus littéraires de nos poètes n'acceptent dans leur poésie le souffle même et la pulsation des sentiments, la vie brute de l'esprit au point où l'informe se forme en images, qu'au prix d'un surcroît d'artifice, d'ésotérisme ou d'abstraction. Là où manque l'effort des siècles, c'est l'effort du poète lui-même qui *prépare* la matière poétique, brise, clarifie, obscurcit, transfigure le langage poétique, l'astreint à une cohérence ou à une incohérence toutes chargées de subtile signification. Légendes grecques, ballades nordiques, emphatiques figures de 1830, notions précises et précieuses des philosophes, symboles de la Cabbale, fantômes du rêve et de l'opium, phosphorescences monstrueuses ramenées des régions nocturnes de l'âme comme les poissons lumineux des profondeurs, tout lui est bon, hors l'immédiat des hommes, des sentiments, du monde : il ne lui faut qu'une matière toute façonnée déjà par l'ingénieux travail de l'esprit, déjà prodigieusement intellectualisée. Tout lui est bon, hors l'impure réalité.

*

La patrie des Français est la France. La patrie de la poésie française s'étend de la Judée à la Castille, de la Troade à la Toscane, des grèves de Nausicaa au rocher de la fée du Rhin. La patrie de la poésie française est dans trente siècles de poésie universelle. Les héros nationaux de la poésie française s'appellent Hector, Ajax, Prométhée, Phèdre, Antigone, Cléopâtre. Il n'y a pas de héros éponymes français, d'elfes français, de démons français. Nos poètes ne semblent capables d'aimer sans remords une femme s'ils ne lui ont donné d'abord quelque nom de déesse ou de nymphe. Ils ont avec Psyché et Narcisse un commerce inépuisable, et ce n'est pas en nous parlant des souffrances de Tristan ou de Roland qu'un poète français a le sentiment de faire appel à notre véritable tradition nationale, c'est en nous parlant des souffrances d'Orphée ou d'Adonis ; ce n'est pas en nommant le cèdre et le myrte qu'il a le sentiment de se dépayser, c'est en nommant le peuplier ou le bouleau. C'est en faisant appel au décor de la vie française, à l'histoire française, que le poète français sent qu'il tombe dans l'artifice, l'anecdote et l'archéologie. C'est que le poète français n'est chez lui que parmi le peuple des thèmes. Il n'erre point au milieu des choses, mais au milieu des miracles de la culture, de la lucidité, de l'imagination, de l'analyse, avec sa passion et son attention irradiantes, son calme et cruel flambeau. Il semble que son feu trop subtil ne soit capable de courir que dans ce qui a été longuement préparé pour lui, séché au feu du travail et de la conscience des siècles, fouillé et creusé dans ses profondeurs, dégrossi, policé. De là vient qu'on a souvent accusé la poésie française d'être une poésie d'adaptateurs, et peut-être de traducteurs, incapable d'affronter la rude réalité, astreinte à vivre en parasite aux dépens des œuvres littéraires antérieures. Ce que l'on pourrait considérer comme un signe d'impuissance m'apparaît au contraire comme le signe de l'exigence la plus intransigeante et la plus hautaine. Le poète français a besoin de matériaux qu'il puisse porter à leur suprême incandescence, soumettre à une transmutation poétique intégrale, et qui soient pour cette transmutation débarrassés à l'avance du gros de leurs gravats et de leurs impuretés. Le langage poétique français semble succomber et retomber dans la prose, devant tout ce qui n'est pas rigoureusement ineffable. Tout ce qui n'est pas l'oxygène le plus pur l'étouffe, tout ce qui n'est pas la flamme la plus ardente le glace, tout ce qui n'est pas la passion la plus dépouillée et la plus dévorante l'affaiblit et l'amortit. Tout ce qui n'est pas la plus claire conscience le fait dégénérer dans la banalité et la lourdeur. Dans l'imitation, la poésie française affirme plus que jamais son originalité propre, qui est d'être libre de la tradition, de l'objet, de l'histoire, de prendre partout son bien et de se l'incorporer aussitôt, à la seule condition qu'il ait déjà sa place, au-dessus de la terre, dans les constellations de l'intellect.

*

Ce n'est pas lorsqu'elle traite des sujets français que la poésie française peut être dite vraiment française. Ce n'est pas quand elle traite des sujets religieux qu'elle peut être dite religieuse. Ce n'est pas quand elle expose la création du monde, qu'elle peut être dite cosmique. Tous les sujets, à vrai dire, lui sont presque intolérables. Rien ne lui convient que les grands thèmes, les grandes routes humaines du sort, de la douleur, de la joie, qu'elle parcourt à grands coups d'ailes, effleurant soudain de son vol, au passage, les hauts problèmes et les hauts mystères, alors qu'elle songe le moins à les résoudre. C'est dans leurs vers d'amour, et non dans leurs poèmes métaphysiques, qu'il arrive aux poètes français de toucher aux grandes énigmes de la connaissance, c'est dans leurs tragédies qu'on trouve leurs plus beaux cantiques, c'est dans leurs élégies qu'ils chantent la nature, miracle d'une poésie qui semble incapable de rien pénétrer si ce n'est par allusion et par éclair. A vrai dire, la poésie française ne se sent à l'aise qu'aux prises avec les thèmes les plus élémentaires, la mort, l'amour, et ce n'est pour ainsi dire jamais qu'à propos et à l'occasion de la mort et de l'amour qu'elle parle de la nature, et de la jeunesse, et du destin, et de Dieu même, et elle trouve son incarnation parfaite dans les œuvres de Racine, parce que Racine a fait de la mort et de l'amour les seuls acteurs de ses tragédies : de l'amour, peut-être, plus encore que de la mort. L'amour, ce grand calomnié, ce grand persécuté de la vie sociale, trouve dans la poésie française une brillante et parfaite revanche. Presque tout ce qui compte et dure dans la poésie française est consacré à la glorification des sentiments que la vie sociale passe autant que possible sous silence, n'accepte que voilés de pudeur, asservis aux règles sociales, à l'intérêt national, à la fidélité conjugale, aux enfants. Dans la poésie seule, l'amour règne sans masque et sans obstacle, sans couvrir d'hypocrites et honteux silences les délits contre la société et la morale qui constituent sa respiration naturelle. Dans la poésie seule, il trouve sa patrie sans frontières et sans entraves, où nulle sotte prescription, nulle absurde défense ne s'oppose à la quête des corps cherchant l'un près de l'autre leur plaisir et leur danger fraternels, des âmes cherchant l'une près de l'autre aventure et connaissance, où nul prédicateur, nul mari inopportun ne viennent rappeler leurs devoirs à Délie ou à Cassandre, où la société ne prétend pas percevoir son impôt sur les baisers des amants en cellules familiales solides et en futurs défenseurs de la nation. C'est dans l'amour que la poésie française, c'est dans la poésie française que l'amour trouvent leur commune liberté et leur commune exaltation. Les plus réservés, les plus hautainement intellectuels, les plus abstraits des poètes français, de Scève à Valéry, ont donné un droit de cité immédiat et sans réserve aux corps et à leurs amours dans leur univers poétique : c'est à la sensualité seule que la poésie française ne demande point de préalable purification.

*

La poésie française constitue la plus littéraire de toutes les activités littéraires, dans un pays où la littérature est l'objet d'un culte pour ainsi dire national. Culte si général et si respecté qu'il est pour ainsi dire le seul qui ne se déguise point de détachement ou d'ironie. Le reproche de légèreté, que l'on fait souvent aux Français, leur semble à bon droit un éloge adressé à l'ancienneté et à la qualité de leur civilisation, une certaine légèreté n'étant rien autre que l'opposé de l'esprit de lourdeur dont parle Nietzsche, l'aptitude à n'être dupe ni d'autrui ni de soi-même, la défiance à l'égard des doctrines, l'irrévérence à l'égard de toute valeur établie, le détachement à l'égard de ses propres biens, de ses propres affections et de ses propres idées, la pudeur de tout sentiment profond. Encore ne faut-il pas que l'esprit de légèreté se confonde avec une futilité souvent insupportable, pour laquelle l'ironie n'est que le masque de la plus puérile crédulité et du plus peureux conformisme. Le Français qui considère trop souvent avec cette futilité stupéfiante tout ce qui est sérieux, l'amour, la mort, quitte à prendre au sérieux ce qui ne l'est pas, la morale et les engagements internationaux ; le Français, qui fait de l'amour physique, qui est chose grave, un sujet de plaisanteries « gauloises », mais s'attendrit devant l'amour « sentimental » le plus niais ; le Français qui traite avec le plus grand sérieux les banquets officiels, et les questions d'amour-propre, et dissipe dans beaucoup moins que les baisers de Cléopâtre des provinces et des empires ; le Français, qui, par peur d'être trop sérieux, dissimule sous un masque d'insouciance ironique, d'idéalisme, de pacifisme et de générosité, son amour du travail, de la guerre, de l'argent, des situations acquises, des castes, le Français considère la littérature comme la plus grave des occupations et l'instrument de la littérature, le langage français, comme la partie la plus sacrée de son héritage. Au point qu'il est convenable en France d'ignorer les langues étrangères, la connaissance de ces langues étant l'affaire des diplomates, des marins, des courtisanes et des espions, et la connaissance d'un dialecte local un signe suspect de provincialisme. Les préceptes concernant la langue et la littérature ont en France une importance telle qu'il est impossible de violer ou de négliger les règles du jeu, et le Français, qui ne voudrait pour rien au monde être soupçonné de respecter les règlements de la circulation et de faire une déclaration exacte à son percepteur, n'accepte pas d'être accusé d'une faute de grammaire. Le cas, fréquent à l'étranger, d'un écrivain parvenant à la notoriété malgré un style incorrect et une connaissance imparfaite de la langue, est en France à peu près inconnu. Connaître et jouer les règles du jeu littéraire y est la condition préalable de tout le reste.

*

La poésie est donc en France moins la source première que l'extrême élaboration de la littérature, — et cela chez le peuple le plus littéraire du monde. Ajoutons que cette pureté, que le poète français exige ou obtient lui-même, de la matière qu'il choisit, ne le satisfait pas encore. A travers son histoire, la poésie française paraît habitée par le singulier et continuel souci de sa propre purification. Quel que soit le scrupule avec lequel elle évite de se mêler à ce qui n'est pas elle-même, les matériaux même qu'elle accepte ne lui paraissent jamais assez dignes d'elle, assez *poétisés.* Faite d'une si subtile essence que le contact du monde français, le plus apoétique qui soit — les paysages, les hommes de France sont les plus humains, les plus complets en eux-mêmes, les moins inachevés et les moins cernés de silences, les plus vides de présences démoniaques, — lui est presque insupportable, la poésie française se sent toujours grevée de corps étrangers, emprisonnée dans la gangue de tout ce qui n'est pas sa plus subtile essence, et va de dépouillement en dépouillement, non sans s'appauvrir parfois. De sorte que la poésie française, littéraire et dépouillée dès qu'elle commence à mériter le nom de poésie française, ne cesse de tendre, à travers les siècles, à devenir plus littéraire et plus dépouillée encore.

*

A cet égard, on retrouve dans la poésie française les traits les plus généraux du caractère français. Il y a dans les paysages français, dans l'âme française, dans les œuvres françaises une austérité surprenante, un ascétisme qui s'accorde singulièrement avec l'amour français et la science française du plaisir, — le goût, qu'aucun peuple n'a porté au même point de raffinement et de subtilité que le peuple français, n'est sans doute que le résultat de cet accord. Il y a au fond de la douceur et de la joie françaises une sorte de rude sévérité qui ne va pas sans tristesse : sévérité apparente, pour qui compare la pierre sombre et nue de l'architecture française aux vives décorations étrangères, les costumes des paysans français aux costumes tyroliens ou hongrois, les visages français aux rires anglo-saxons ou germaniques, la dure rigueur de la peinture française du XVIᵉ siècle à l'aimable mollesse italienne ou flamande ; pour qui compare aux groupes chantants, aux maisons colorées de Suisse ou de Hollande les villages français ancrés au sol depuis l'aube des siècles, villages aux murs bas et massifs, nus et peuplés de silence, d'une solidité minérale et comme éternelle. Cette austérité française, qui se manifeste dans toutes les formes de la vie française par le goût de la gravité, se manifeste dans les formes de l'art français par le goût de la rigueur, qui est l'ascétisme de la forme. Nulle part, comme dans les phrases et les figures sorties des esprits français, des mains françaises, ne se manifeste cet acharné dépouillement, ce besoin de cerner l'objet du trait le plus étroit et le plus pur, d'éveiller dans un univers nu et comme abstrait les voluptés et les fantômes. Ce que les orateurs politiques et les amateurs de lieux communs appellent le goût français de la mesure, c'est en réalité, jusque dans ses extrémités les plus désespérées et les plus héroïques, le besoin français de la rigueur. Les poètes français n'ont pas eu toujours une claire conscience de ce dégoût impérieux de l'inessentiel, qui s'est imposé à eux comme aux philosophes français, aux hommes de science français, aux peintres français, aux architectes français. Mais, quels que soient les termes, parfois aberrants, dont ils l'ont désigné, sous les noms de naturel, de simplicité, de vérité, de liberté, de pureté, les poètes français n'ont jamais cherché qu'à délivrer la poésie des masques inutiles et des entraves étrangères à ce qui n'est pas son seul exercice, qu'à l'alléger de tout ce qui n'est pas son propre poids, qu'à la dépouiller de tout ce qui n'est pas sa chair même et sa nature. Tous les poètes français ont ainsi participé à la même œuvre de rigoureuse définition de la poésie, et leurs efforts, auxquels les luttes d'écoles et de générations imposaient des apparences et des vocabulaires contradictoires, apparaissent unis par la plus profonde complicité.

*

Le peuple français est moraliste, en ce qu'il aime à formuler les principes de son action et tend trop volontiers à les imposer comme des préceptes indiscutables. Nulle part peut-être ce goût de moraliser n'a été affirmé avec plus de constance et de vigueur qu'à propos de l'activité qui est pourtant le plus loin de la morale, l'activité poétique, comme si la poésie compensait en France son immoralité essentielle par le goût de moraliser sur elle-même. Il n'est pas une génération de poètes, en France, qui n'ait prétendu apporter, outre ses poèmes, *avant* ses poèmes, une théorie de la poésie, une doctrine poétique, un livre de recettes poétiques. Chaque groupe, chaque école de poètes, sinon chaque poète, a conçu, écrit et publié son art, ou plus exactement sa morale poétique, en forme de traité, de proclamation ou de manifeste. Chaque génération de poètes a prétendu détenir exclusivement non pas le talent, mais la *vérité* poétique, et a, au nom de cette vérité, condamné sinon les œuvres, du moins les erreurs des générations précédentes. Ce qui importe à l'histoire de la poésie en France n'est pas la variété des masques que la diversité des idées dominantes, le degré de la conscience critique, l'état même du langage, l'alternance contradictoire des générations imposent à une volonté réformatrice et purificatrice obstinée. Cette volonté est présente dans la *Défense et Illustration,* l'*Art poétique* et la Préface de *Cromwell* comme dans la lettre de Rimbaud et le *Manifeste surréaliste.* L'école de Ronsard condamne la facilité vulgaire et l'hermétisme subtil de ceux qui l'ont précédée ; Malherbe et ses disciples veulent substituer à la luxuriance nonchalante de la Pléiade un appareil poétique plus noble et plus austère. L'école de 1660 engage la bataille, avec la même audace, la même brutalité, le même scandale que plus tard les romantiques, pour débarrasser la poésie de la préciosité, suprême héritage dégradé de la Renaissance. Comme Corneille se campe devant son époque en champion de la nécessité et de la vraisemblance dans l'art dramatique, Racine défend contre Corneille et ses complications les droits de la simplicité et du naturel. Les formules de l'art classique ont été imposées avec une telle intolérance, une telle vigueur et une telle réussite, qu'elles agoniseront sans céder la place pendant plus d'un siècle. Mais lorsque les poètes qui se nomment eux-mêmes, avec une grande inexactitude, « romantiques », lorsque les poètes de 1830 apparaîtront, ils tenteront de régénérer la poésie française au nom des mêmes prétentions à la liberté, à la simplicité, au naturel qui avaient été celles des novateurs classiques. Les modes politiques et morales du temps ajouteront aux revendications « romantiques » un caractère emphatique et débraillé qu'on ne saurait nommer autrement que plébéien, de sorte que le romantisme se détournera de son objet réel, qui était la lutte contre le mauvais goût, le vain bavardage de l'amphigourisme néoclassique, ne tendra qu'à faire triompher sa rhétorique propre, sœur et rivale de la rhétorique qu'il combat. Nerval est alors le seul à savoir que la poésie, perdue par la facilité, le procédé, le verbalisme, ne peut se retrouver que dans une rigueur, une discipline et peut-être un secret d'autant plus grands qu'elle se risque à affronter de nouveaux thèmes. Puis, lorsque la poésie tente de renaître en France sur les ruines du « romantisme », elle cherche en même temps à nouveau à se définir et à se connaître. Baudelaire est théoricien et esthéticien, et Gautier et le Parnasse, et Verlaine et Mallarmé et Rimbaud cherchent chacun par leur méthode propre à maîtriser le monstre insaisissable, à libérer la poésie ou à la contraindre à sa vraie figure. Les plus extrêmes efforts, et les plus contradictoires pour atteindre et définir les lois de l'opération poétique, ont été tentés de nos jours. Le surréalisme a proposé au poète le difficile exercice d'une marche en soi-même au delà des constructions abstraites et formelles de la raison et du langage usuels, jusqu'à ce lieu de notre nuit où se reforment d'eux-mêmes les cristaux de neige et de phosphore des images mentales. Dans le même temps, Paul Valéry mettait l'acte poétique au point le plus dévoré d'ardeur et de lumière de l'attention que la conscience porte sur elle-même, dans un vide éclatant où l'esprit ne conquiert que soi-même, vide de toute autre substance que la forme qu'il construit. Il ne nous importe pas de savoir pour l'instant si ces deux extrêmes recherches ne sont pas aussi peu contradictoires en réalité que le jour et la nuit eux-mêmes. Ce qui est sûr, c'est qu'elles nous montrent, l'une et l'autre, la poésie française éprise sans repos d'une rigueur toujours plus exacte, acharnée à s'alléger de tout ce qu'elle ne tient pas assurément pour sien, obstinée à se circonscrire au point de courir le risque de s'épuiser, se dépouillant jusqu'au moment où elle trouve sa vérification dans son inaptitude à *traiter* n'importe quel sujet.

*

Cette passion de pureté est beaucoup plus remarquable en elle-même que les formes particulières dans lesquelles elle a, aux diverses époques, essayé de se définir. Quel que puisse être l'intérêt des doctrines ou des règles par lesquelles chaque époque a tenté de satisfaire, et parfois satisfait provisoirement, son besoin d'une conscience claire de l'opération poétique, ce qui importe le plus est le *besoin de la conscience claire,* l'effort pour délivrer le langage poétique des servitudes antipoétiques du langage habituel, l'effort vers ce qu'on pourrait appeler, si de graves confusions n'avaient été créées autour de ce terme, la poésie pure, et que nous appellerons plus volontiers les propriétés purement poétiques du langage. Que les poètes français aient cherché le secret de la poésie dans la clarté ou dans l'hermétisme, dans la nouveauté ou dans l'observation des règles consacrées, dans la liberté ou dans la contrainte, dans l'hallucination ou dans l'attention, dans l'effusion ou dans la création, tout cela importe beaucoup moins à l'histoire de la poésie française que l'inquiétude et la quête éternelle dont tant de recherches sont nées : que la certitude, présente dans chaque génération de poètes, que l'œuvre poétique de la génération précédente était insuffisamment chargée de poésie, trop chargée d'éléments étrangers à la poésie.

*

Les termes de « poésie pure » sont en eux-mêmes contradictoires si du moins l'on entend par eux la possibilité d'isoler un élément poétique pur, la tentative d'isoler la poésie des atomes du langage étant aussi vaine que la tentative d'isoler l'électricité des atomes de la matière. Le caractère propre de la poésie est de ne pouvoir être obtenue ni même conçue à l'état de pureté, puisqu'elle n'est point substance, mais acte, puisqu'elle n'est point élément entre les éléments dont se compose le poème, mais, résultant de leur combinaison, force, combustion et magique lumière. Descartes dit que la pesanteur est la dimension des corps qui tombent ; la poésie est de même la dimension selon laquelle le poète découvre et asservit les choses. Elle ne peut se définir que comme un pouvoir particulier du langage sur les choses qu'il désigne. L'effort de la poésie française vers la poésie pure n'est donc point un effort pour priver le poème de tout contenu autre que la poésie, ce qui n'aurait point de sens, *mais pour donner au poème le pouvoir d'agir poétiquement sur la totalité de son contenu.* Il est l'effort pour mettre en œuvre les moyens poétiques dans leur plus grande vigueur et leur plus grande efficacité. La poésie n'est pas musique, mais langage.

*

Rendre au langage usé des relations humaines sa fonction originelle et sacrée, refaire le *verbe* inutilitaire et inutilisable, dire le mot soleil, ou le mot fruit, ou le mot mort, non parce qu'il fait chaud, ou que l'on a faim de fruits, ou qu'il faut prendre garde à la mort, mais pour que l'âme ressente ces objets dans leur saisissante réalité, et non pas seulement selon les figures et les propriétés que nous pouvons voir, utiliser ou craindre, mais aussi dans le mystère de leur substance, de leurs conséquences et de leurs sources cosmiques, introduire dans les mots non seulement tout ce que nous savons des choses, mais aussi tout ce que nous en ignorons, nommer un corps de femme de façon aussi efficace qu'il l'est pour l'amant de créer ce corps avec l'étreinte de son corps, pour le peintre avec la couleur, pour le dieu avec l'argile...

*

C'est à cet égard que le renouvellement du langage poétique, presque à chaque génération, apparaît comme une conséquence nécessaire à la lutte continuelle de la poésie française pour la pureté. Expliquer la succession des écoles et des révolutions littéraires par le seul goût de l'innovation, serait se contenter d'une explication vaine et verbale, car il resterait à savoir pourquoi le besoin d'innover existe — la nouveauté des événements ou des théories dans la littérature ne caractérise ces événements et ces doctrines que d'une façon tout à fait secondaire et confuse, comme la nouveauté des faits historiques en général. Tout au plus, le caractère de « nouveauté » crée-t-il au profit de l'homme, de la doctrine, de l'événement nouveau une attention et une mode qui le favorisent, le font bénéficier de la lassitude attachée à tout ce qui est depuis trop longtemps établi. Mais les hommes et les circonstances ne tendent pas à créer, à une époque donnée, un fait comme nouveau, ils tendent à le créer comme répondant à une nécessité, à une attente, à un besoin parfois encore inconscient et indéfini. Le cours de l'histoire se détermine en dehors de tout souci de continuité ou de discontinuité, et la définition d'un fait historique comme *ressemblant* ou *différent* dans son rapport avec ceux qui l'ont précédé n'atteint nullement son essence. Les jugements de valeur portés sur les idées ou les mœurs selon qu'elles sont ou non modernes, selon qu'elles sont ou non traditionnelles, n'ont donc qu'une signification esthétique ou anecdotique et sont sans intérêt véritable. Il n'y a création historique de nouvelles valeurs que s'il y a décadence ou insuffisance de certaines valeurs existantes, et si les valeurs nouvelles sont acceptées, c'est en tant qu'elles apportent une réponse à des questions déjà posées plus ou moins clairement dans les esprits. C'est ainsi que lorsqu'un désaccord se produit, à une époque donnée, entre un style de vie et de civilisation en pleine métamorphose et une littérature qui reste esclave des routines d'écoles et persévère dans les formes acquises, il devient impérieusement nécessaire de rétablir les contacts entre l'activité littéraire et les autres activités de l'esprit, d'introduire dans la littérature un nouveau sang, un nouveau style, de nouveaux thèmes. Mais, même alors, on le voit, le besoin de renouvellement n'est qu'une traduction grossière des véritables problèmes posés par l'évolution de la vie et de la culture. D'autre part, il est extrêmement rare qu'un style, lorsqu'il est en pleine vitalité, ait à subir la rivalité d'un style différent. Dans l'histoire littéraire comme dans l'histoire politique, on aurait beaucoup de peine à trouver un exemple de renversement d'institutions en pleine fécondité ; les théories et les écoles, comme les régimes, ne disparaissent qu'une fois entrées dans leur phase de stérilité, elles ne meurent qu'après que leur vertu est morte en elles. Le style gothique ne triomphe que dans l'épuisement du roman et grâce à cet épuisement, l'art de la Renaissance succède à un art gothique déjà dégénéré et décomposé, l'art classique ne triomphe que lorsque l'art de la Renaissance a produit ses dernières conséquences et jeté ses derniers feux. Il en est du style poétique comme des styles d'architecture. Les novateurs poétiques n'ont généralement qu'une conscience très imparfaite du véritable sens de leur tâche. Ils veulent attirer l'attention sur eux, évincer des aînés encombrants, ou, plus ambitieusement, découvrir des vérités jusqu'à eux ignorées. Mais leur effort et leur invention et leur révolte sont conduits, sans que peut-être ils le sachent, par la profonde nécessité de rétablir un accord entre les moyens créateurs de leur époque et sa conscience de l'univers, par le besoin de resserrer et de rajuster les mailles d'or du style, entre lesquelles la fluide et protéique réalité a déjà commencé de fuir.

*

A toutes les époques de l'histoire, l'esprit humain n'a défini pour lui-même ses propres besoins que dans une forme extrêmement imparfaite : nous avons la plus grande peine à nous assurer explicitement des états que nous subissons, en tant que corps, en tant que société, en tant qu'esprit. De là les graves simplifications et les graves erreurs de toute étude de l'histoire bornée aux idées et aux volontés des hommes, c'est-à-dire limitée au reflet des situations véritables et à leur représentation dans les esprits. De même, c'est donner de l'histoire littéraire une image grossière et fausse, que de la réduire à l'histoire des idées littéraires, des doctrines et des écoles, ces doctrines et ces écoles étant en général extrêmement contestables, et constituant des traductions ou des transcriptions théoriques singulièrement sommaires de besoins auxquels il a été répondu beaucoup plus complètement, par les œuvres elles-mêmes. L'historien doit absolument tenir compte de cette impuissance relative où se trouve l'homme de placer dans le champ de la conscience claire toutes les données de sa situation historique, les caractères déterminants d'une époque étant en général beaucoup plus complexes que la faculté qu'a l'esprit, dans le même moment, de se les représenter.

*

Expliquer l'apparition de types de création littéraire ou de styles nouveaux par le besoin de renouvellement est donc un jugement aussi dénué de sérieux que le succès fait à la « nouveauté » de certaines œuvres, lors de leur apparition. Le mot même de nouveauté n'a d'ailleurs dans ce domaine qu'une valeur tout à fait précaire, ce qu'on appelle renouvellement pouvant n'être qu'un soudain retour en faveur de formes permanentes, momentanément délaissées. Rien n'est plus « nouveau » à son époque, que Nerval, parce que la rigueur, la transparence et la dignité qu'il rétablit dans le langage, vertus qui comptent parmi les plus naturelles et les plus traditionnelles du langage poétique français, se trouvent alors méprisées, et que Nerval se trouve à contre-courant. De même, on peut imaginer qu'un grand succès de « nouveauté » pourrait être fait aujourd'hui à un écrivain qui nous restituerait l'univers romanesque et le style de M. Benjamin Constant. Le mot de nouveauté ne prend un sens valable que lorsqu'il s'attache à une œuvre dont le cours est assez puissant et assez libre pour refuser de s'inscrire docilement dans le cadre des réussites antérieures et dans l'attente du public, dont la force brisante dévaste en quelque point le décor trop habituel de nos pensées et nous projette en dehors du champ. Ce qui mérite de constituer la nouveauté d'une œuvre, ce n'est donc point ce qui dans cette œuvre diffère des autres, mais ce par quoi elle ajoute aux autres et les dépasse : et de ce point de vue, le caractère de nouveauté est celui de toute œuvre digne d'intérêt, il n'est qu'une mauvaise façon de désigner la vertu créatrice elle-même.

*

Si l'on cherche à pousser plus loin l'analyse et à rejeter le besoin de renouvellement du plan grossièrement verbal de la conscience vulgaire à sa complexité subconsciente, on peut dire que ce besoin de renouvellement est constitué au moins par trois besoins principaux : le besoin que nous venons de définir comme le besoin de la création elle-même, qui est de caractériser une œuvre par cela qui lui est propre ; le besoin de se délivrer de ce qui est démodé, c'est-à-dire de mettre les règles de la création poétique, le métier poétique en accord avec un style de vie et de langage en perpétuelle évolution, de relier et rajuster l'activité poétique au système des relations sociales de façon à lui ôter tout caractère insolite, toute inactualité ; enfin, la nécessité de substituer des contraintes neuves à un système de contraintes qui a épuisé sa vertu, et ainsi de rendre leur efficacité aux lois de l'exercice du langage poétique.

*

On peut affirmer comme une loi de l'histoire littéraire que tout *art* littéraire, que tout corps de préceptes et de règles littéraires tend à être abandonné le jour où ces préceptes cessent d'être à l'usage de ceux qui possèdent le génie créateur pour passer à ceux qui ne le possèdent pas. Le jour où le code constitué du métier poétique, avec ses nécessités, avec ce qu'il comporte aussi de conventions, de mots de passe, d'heureuse inutilité, d'arbitraire bienfaisant, cesse d'exiger du poète un supplément d'invention, de recherche et de contrôle, pour devenir un livre de recettes poétiques à l'usage de tout venant, pour épargner aux faiseurs de poèmes l'effort de création qu'il avait mission d'astreindre à une discipline et à une rigueur supérieures, le jour où les belles difficultés deviennent facilités et dispenses, ce jour impose la naissance d'un style poétique nouveau. A toutes les époques de la poésie, il y a ainsi tendance à la dégénérescence du métier poétique en procédés et en recettes, de sorte qu'il suffit bientôt, à qui veut passer pour poète et se croire poète, de composer avec assez de virtuosité les thèmes admis dans des formes données. La création poétique agonise tôt ou tard à l'abri même des règles qui avaient pour but de l'entretenir, de l'astreindre et de la forcer. Pour les poètes savants du Moyen Age, pour les Renaissants, pour les Précieux, pour les héritiers indignes de la Pléiade comme pour les héritiers indignes de l'école classique, pour les successeurs des grands symbolistes, les règles de l'art, maintenues dans toute leur rigueur formelle, deviennent les moyens de se dispenser de l'effort créateur auquel elles devraient donner la suprême efficacité, elles découragent la puissance créatrice non par la grandeur des obstacles qu'elles lui soumettent, mais par l'automatisme des opérations qu'elles lui proposent. La dégénérescence de la poésie commence là où la technique, moyen d'une action supérieure, devient le moyen d'une moindre action.

*

Il en résulte que les révolutions littéraires, qu'il s'agisse de la révolution de la Pléiade, de la révolution de 1660 ou de la révolution « romantique », lors même qu'elles paraissent aspirer à une simplification des règles, tendent à rétablir dans l'exercice de l'activité littéraire non la facilité, mais la difficulté ; elles sont des protestations contre un jeu trop connu. A de nombreuses reprises, la poésie française a cherché, non à se « renouveler », mais à se rebeller contre le mouvement qui insensiblement l'entraînait hors d'elle-même, à reconquérir l'essence insaisissable de son pouvoir contre les formes où il tendait à s'évanouir. Mais, les révolutionnaires de la poésie, comme les révolutionnaires de la politique, n'ayant en général à leur disposition qu'un langage très imparfait pour se figurer à eux-mêmes la nature de leurs problèmes, ont multiplié autour de leur action les justifications aberrantes et contradictoires, procédant au nom du « naturel » à la plus savante restauration du métier littéraire, recherchant sous le nom de « tradition » la possibilité d'une création plus libre, réclamant sous le nom de « nouveauté » le retour de la poésie à ses conditions permanentes d'existence, et sous le nom de « liberté » la plus rigoureuse défiance à l'égard des facilités régnantes. Mais, comme il arrive aussi aux révolutionnaires de la politique, la fausse conscience de l'action a, chez les révolutionnaires de la poésie, tendu à dévier et à dénaturer l'action qu'elle informait. De là beaucoup de désastres, faute d'exactes définitions. La victoire remportée par la Pléiade sur le verbiage abstrait des rhétoriqueurs a détourné pour des siècles la poésie française de la voie royale où l'avait engagée la marche contemplative de Scève vers les profondeurs de l'âme et du monde ; la victoire remportée par Malherbe et son école sur les puérilités érudites, les bavardages et les facilités suspectes des imitateurs de Ronsard, a privé la langue poétique française d'une luxuriance et d'une libre audace qu'il faut bien regretter. Mais la plus grave des erreurs d'orientation a été commise par les poètes de 1830. Ceux qui se donnèrent le nom de romantiques, cherchèrent avec raison à délivrer la poésie d'un système de conventions qui donnait au premier versificateur venu la licence de se croire poète, et voulurent rendre à la création poétique une réalité propre au-delà du jeu de préceptes et de thèmes où elle s'était perdue. Mais seul des « romantiques » français, Gérard de Nerval eut assez de conscience pour comprendre, ou du moins assez de sensibilité poétique pour mener à bien la tâche véritable qui s'imposait au romantisme : *rendre à la poésie les difficultés inhérentes à son exercice.* Le gros de l'armée « romantique » s'égara sous la conduite de mots d'ordre absurdes et justifia emphatiquement sa révolte au nom de la spontanéité et de la liberté : c'est-à-dire qu'il demanda, là où régnait la poésie la plus facile du monde, là où, plus exactement, la facilité avait tué la poésie — quoi de plus « facile » que les vers de l'abbé Delille ? —, un surcroît de facilité. Ainsi les romantiques allèrent-ils tout droit à l'opposé de ce que leur raison d'être était de vouloir. Ils introduisirent quelques variations, quelques thèmes empruntés aux littératures étrangères, quelques artifices verbaux ou musicaux et une éloquence abondante dans la prosodie de l'abbé Delille, ils ne changèrent rien d'essentiel à l'art néoclassique dont ils furent les continuateurs un peu plus brillants. La poésie resta à leurs yeux ce qui ressemble le moins à la poésie : un exercice de versification sur des thèmes donnés, un procédé de développement interminable où le poète s'abandonne à la seule facilité de développer. Il en résulte que dans l'immense production romantique, la poésie, — la transmutation poétique du langage — n'apparaît que par rares éclairs, d'une brièveté décourageante. Ce qui voulut s'appeler et s'appelle encore le « romantisme français », dans la tâche de reconquérir la difficile pureté de la création poétique et de rendre une puissance poétique au langage, a presque complètement échoué.

III

Le premier grand siècle de la poésie française est aussi le plus grand. Non que le XVIᵉ siècle ait rien produit qui dépasse Villon ou Racine. Mais sa fertilité est sans égale. Jamais époque n'a été plus riche en poètes du premier rang, jamais les grandes œuvres n'ont été produites en telle profusion, avec tant de générosité, d'abondance créatrice et de joie. D'innombrables poèmes sont alors parcourus d'un bout à l'autre par le divin bonheur de la réussite absolue. Jamais poèmes n'ont connu aussi aisément la grâce d'être poèmes tout entiers. Scève, Ronsard, du Bellay, d'Aubigné, Garnier, voguent à pleines voiles dans l'espace enchanté où Baudelaire et Rimbaud ne s'élancent à chaque fois que pour deux ou trois coups d'aile de l'essor condamné d'Icare. Bien qu'on l'ignore de moins en moins, on n'a encore rendu justice à cet âge doré qu'avec timidité. La réhabilitation du XVIᵉ siècle a porté principalement sur les œuvres poétiques les plus accessibles, et pour ainsi dire les plus banales, celles où le poète traitait avec facilité quelque lieu commun rassurant. Le *Mignonne, allons voir si la rose,* de Ronsard, les regrets de Du Bellay sur son petit village, telle agréable chanson de Belleau restent les types de la création poétique de l'époque avec les quelques passages où la fureur inspirée de D'Aubigné est solidement maintenue dans les bornes de l'indignation polémique. On fait gloire au XVIᵉ siècle de je ne sais quelle grâce adolescente, d'une vivacité, d'une abondance brillante et d'une fraîcheur qui ne sont certes point méprisables, mais qui font oublier le plus difficile et le plus important. Le moment paraît favorable à de plus justes évaluations. Toute époque applique en effet aux œuvres des époques antérieures le même système de valeurs qui lui sert à créer ses propres œuvres ; elle aime dans les œuvres passées ce qui peut lui servir de justification. Or, la transformation à beaucoup d'égards heureuse qui s'est produite dans le goût littéraire depuis quelques décades n'a pas encore porté ses conséquences dans les jugements de l'histoire littéraire : ceux-ci datent d'un temps où le goût littéraire était gouverné par France et par Lemaître, où la faveur du public le plus raffiné allait à des œuvres sans originalité, sans gravité, sans grandeur, où la tâche du littérateur semblait être de traiter avec élégance et « naturel » des thèmes simples et des lieux communs distingués. L'attention s'est lassée de cette littérature de salon, elle s'est tournée vers des œuvres plus difficiles, plus secrètes, plus noires, plus violentes, plus chargées de périls et de pensées. Il est temps que cette heureuse transformation porte ses conséquences dans le domaine de l'histoire littéraire où les préférences de M. Brunetière continuent à compter pour des lois. La connaissance de Mallarmé peut introduire à la connaissance de Scève, la connaissance de Claudel à la connaissance de D'Aubigné. Peut-être verra-t-on bientôt disparaître la défiance, le dédain ou seulement l'ignorance dont pâtissent, dans le jugement commun et dans les manuels scolaires, toutes les grandes œuvres de la littérature française qui n'offrent point au lecteur paresseux les portes grandes ouvertes de la simplicité, de la facilité, du « naturel », les œuvres plus réservées, plus savantes, plus précieuses, plus audacieuses, mieux défendues. Alors, le XVIe siècle sera aperçu dans ses dimensions véritables. Aucune époque de notre littérature ne saurait nous être plus fraternelle. La fraîcheur, la vigueur et la liberté n'ont été que les moindres vertus de poètes qui nous donnent avec une prodigalité incomparable tout ce que nos propres poètes s'efforcent aujourd'hui de reconquérir. Tout ce qui dans la poésie française valait par les grâces faciles, l'aisance du développement oratoire, le haïssable « sublime » des sentiments, la clarté, la « mesure » et quelquefois la platitude a été placé dans la pleine lumière de la gloire littéraire aux dépens de tout ce qui était méditation un peu rigoureuse, abstraction, ésotérisme, investigation de l'esprit, audace inspirée. Sainte-Beuve ne sauvait de la *Délie* que quatre ou cinq dizains — les plus médiocres — parce qu'ils étaient les plus clairs. Ronsard et du Bellay eux-mêmes sont glorifiés pour celles de leurs œuvres dont l'accès est le plus aisé, non par celle dont la qualité poétique est la plus éclatante. Pour les mêmes raisons, c'est Nerval qui est traité en poète mineur, non Musset. Il serait bon qu'on cessât de considérer la clarté formelle de certaines œuvres, qui ne résulte bien souvent que de leur insignifiance, comme la garantie la meilleure de leur valeur et de leur durée. Il faut rendre à la poésie française le trésor de ses profondeurs.

*

On peut dire de Villon qu'il crée la poésie française, en même temps qu'il la conduit à l'un de ses sommets les plus glorieux et les plus purs. Grâce à lui, la poésie française a l'un des commencements les plus éclatants qui soient. Jusqu'à lui, en effet, il faut une grande bonne volonté pour discerner, ça et là, au milieu du fatras, du bavardage et de la préciosité qui emplissent la littérature versifiée du Moyen Age, quelques timides éclairs annonciateurs. Durant des siècles, la poésie française a été sollicitée par les tentations et les besognes les plus contraires à sa nature, les interminables récits héroïques, les laborieuses dissertations galantes, un symbolisme subtil et morne. Durant ces siècles, il semble que la conscience poétique ait manqué absolument, de sorte que les rares éclairs dont il s'agit doivent être attribués moins à la volonté du poète qu'à l'état de fraîcheur du langage, à la grâce de mots encore adolescents. Avec Villon, il semble que la poésie française naisse soudain à elle-même, s'écarte, comme sous l'effet d'une révélation, de ce qui la sollicitait en l'étouffant pour courir à des objets plus rebelles à son effort et plus conformes à son destin, les étreindre et s'y accomplir. Villon donne ainsi à la poésie française quelques-uns de ses thèmes de prédilection, quelques-unes de ses traditions les plus authentiques, au point que la gloire de lui ressembler par moments comptera au nombre des titres les plus hauts d'un Péguy ou d'un Apollinaire. D'autres poésies sont parées ou drapées. La poésie de Villon est nue. Aucune harmonique indiscrète n'y altère le timbre de la voix humaine dans sa pureté, nul soleil, nul astre nocturne ne s'y vient ajouter à la faible clarté de lait et de phosphore dont le corps humain et l'âme humaine sont pour ainsi dire la source. L'homme est dans cette poésie dépouillé et désarmé, offert au monde sans défense, sans ruse et sans secret comme dans les lits de l'amour, la mort et la prière, il y oscille seulement entre les grands horizons magnétiques qui le sollicitent de leurs aimantations contraires, le péché et la pénitence, la quête de la joie terrestre et le doux néant de l'humilité, la vie et la mort. On a voulu dresser autour de Villon le décor d'un pittoresque facile, lui donner la démarche et le visage du voyou de génie sur lequel s'attendrit volontiers le public. Il n'y a guère de traitement plus indigne à faire souffrir à Villon que celui qui fait de lui l'ancêtre de la poésie du milieu. S'il est une qualité éclatante dans cette œuvre, c'est sa distinction. L'homme y a les mêmes traits délicats, pensifs et tristes, la même décence hautaine qui n'exclut ni l'impudeur, ni l'humilité, la même sincérité et la même force que dans les portraits de Jean Fouquet et de ses contemporains. L'amour, la douleur et la mort sont par Villon jetés, dépouillés et saignants, loin des faubourgs et des bouges, à la face même du ciel, au-delà des faciles et vains sursauts de la pitié et de la révolte, là où il n'est demandé nul adoucissement à la condition humaine, si ce n'est ceux du respect, de la miséricorde et de la calme espérance qui ne tremble ni ne supplie. Villon a assumé, au nom de la poésie française, toute la charge d'humanité dont cette poésie était capable.

*

Avant que l'éclat doré de la Pléiade emplisse le siècle, avant qu'apparaisse au plus noir du ciel, tournant sur son orbite héroïque et inconciliable, l'astre rouge de D'Aubigné, la constellation lyonnaise a resplendi de toute sa clarté limpide et méditative dans le haut ciel de la Renaissance. L'école de Lyon n'a pas reçu, il s'en faut de beaucoup, la place qu'elle mérite dans l'histoire des lettres françaises. Maurice Scève doit être considéré comme le pair des plus grands poètes de notre race. Pernette du Guillet et surtout Louise Labé ont donné à notre littérature quelques-unes des œuvres qui méritent de nous rester le plus chères, œuvres voluptueuses et pures, porteuses d'une charge presque terrible de tendresse et de connaissance. Les paroles de Pernette et de Louise sont irremplaçables, elles n'ont plus été prononcées après elles, fût-ce par les plus violentes et les plus tendres des filles de Racine. Il est certes inutile de s'abandonner aux tentations sentimentales, aux amours archéologiques devant ces tendres corps dévorés de tendre passions, devant ces deux femmes évanouies qui furent l'une et l'autre belles, sensuelles, aimées, amoureuses, infidèles, et que la mort frappa l'une et l'autre avant qu'elles eussent cessé de faire « signe d'amantes » — comme Louise Labé l'avait souhaité. Mais il faut se garder plus encore de la stupide et malsaine tentation des réhabilitations vertueuses auxquelles se sont livrés quelques niais commentateurs du très moraliste XIXᵉ siècle. Il faut en prendre son parti, la *Délie* de Maurice Scève n'est pas une figure symbolique de « l'idée », les amants de Pernette et de Louise ne sont pas des amants allégoriques. Il y a une sottise sacrilège à transformer en exercices d'école et en jeux intellectuels quelques-uns des chants les plus ivres des joies et des douleurs de la terre, les plus splendidement chargés d'impureté, les plus réellement charnels qui aient passé par des lèvres humaines. Tel huitain de Pernette du Guillet, tels sonnets de Louise Labé sont la voix même d'une civilisation qui ne cherche pas à s'accomplir ailleurs que dans les voluptés, les souffrances et les connaissances de la terre, la voix du seul paganisme possible. Jamais, dans la littérature, l'impudeur même des sens n'a atteint à une telle gravité. Jamais l'âme et le corps n'ont paru aussi peu séparés, la lucidité la plus claire ainsi présente dans les exigences de l'amour et dans ses gratitudes, dans les corps comblés et dans les corps avides, jamais l'âme n'a été ainsi engagée et mise en jeu tout entière dans la passion sans cesser pourtant d'y trouver un surcroît de pouvoir, de connaissance et d'enrichissement, jamais l'être humain n'a su conserver cette possession de soi dans la possession de l'autre, cette claire amitié, cette tendresse et cette décence jusque dans les caresses que le corps reçoit et donne, ou brûle de donner et de recevoir. Il convient moins de parler ici de passion, que d'une véritable création amoureuse, qui ne tient de la passion que sa violence et son intensité presque mortelle. C'est cette même fusion nuptiale de la connaissance et de la sensualité, entreprise rare et admirable de l'esprit de la Renaissance, que l'on trouve aussi dans l'œuvre de Maurice Scève : mais, chez ce poète animé d'un extraordinaire génie, la méditation intellectuelle parcourt les dimensions de l'amour humain jusqu'aux frontières même du monde.

*

Par Maurice Scève, la création poétique s'unit à une démarche singulièrement audacieuse et secrète de la connaissance, et à ce titre, ce poète est le héros de la tradition la plus hautaine, la plus réservée, de la poésie française. Maurice Scève n'écrit pas pour raconter, ou pour se raconter, ou pour faire à la ronde la description lyrique de ses joies ou de ses tourments. Il fait de la création du langage poétique le plus haut exercice de l'âme aux prises avec l'universel mystère. Scève est sans aucun doute celui de nos poètes qui fut le plus hanté de préoccupations cosmiques. Son *Microcosme*, encombré de longs récits descriptifs et de dissertations scientifiques, n'est sauvé que par un petit nombre de passages d'une beauté surprenante. Sa véritable création du monde est dans les quatre cents et quelques dizains de la *Délie*, dont presque tous sont d'une intensité mallarméenne, d'une gravité telle que les atomes du langage s'y resserrent, semble-t-il, en un métal d'une densité inexplicable. Dans une extraordinaire exploration du monde, le poète va continuellement se perdre au fond de soi-même, au sein de la substance originelle, pour en ramener les secrets dérobés à la mort, et revenir chargé d'un magique butin, doué d'une force incorruptible. Par l'exercice de la poésie, l'homme descend ainsi dans ses propres profondeurs, Orphée possédant en lui-même son abîme, son chemin des ténèbres et ses dieux infernaux, en quête d'une Eurydice qu'il cherche moins pour la délivrer que pour s'en faire, contre le néant qui monte autour de lui, un tendre rempart invincible. Dans le vertige d'une inquisition dévorante, Scève reste conduit, soutenu, défendu par son amour, cuirasse et philtre, myrrhe et cèdre, talisman radieux opposé au Serpent intérieur du néant et de la mort. Scève procède déjà à une déification nervalienne et faustienne de la femme, dressée sur le limon même du chaos, le front ceint de toutes les étoiles, égale aux limites extrêmes du temps. Mais, tandis que le panthéisme féminin de Nerval a pour objet un fantôme presque arbitraire de l'imagination et de la mémoire, c'est avec sa maîtresse de chair que Scève construit son mythe, c'est la vivante Délie à laquelle il confère l'éternité. Par la main prodigieuse du poète, cette femme devient la seule femme, et son regard et son baiser sont tels que s'il n'y avait jamais eu de regard et de baiser au monde, et lorsque sa main couronne la hanche ou le col du poète, ce n'est pas seulement pour la première, c'est aussi pour la dernière et pour la seule fois.

La Délie est sans doute la méditation poétique la plus forte et la plus assurée qui soit. Scève marche en lui-même avec des pas calmes et purs. Nous sommes très loin de la Pléiade, de ses chants de fontaines, de ses campagnes peuplées de faunes et de fées, de son ciel bourdonnant de dieux. La terre que foule Scève ne porte pas le masque des fleurs et des forêts, des villes, des hommes ; elle garde nu au contact libre de l'espace son véritable épiderme d'astre. Il ne s'y trouve pas d'autre nourriture que le lait même de la nuit. Il n'y est pas suspendu d'autres fruits que les grappes de feu des constellations fatidiques. Là où se trouve l'horloge même du monde, avec ses grands rouages d'astres bien huilés, et le balancier des siècles, dont l'ombre ne passe sur chaque homme qu'une fois, là descend Scève à la rencontre de son amoureuse immortelle. Aucun poète ne s'est avancé dans un tel silence.

*

Ronsard et du Bellay font à eux seuls presque toute la Pléiade. Leurs vies et leurs talents sont dissemblables. Ronsard meurt à son heure, après avoir à l'aise édifié son œuvre. Du Bellay appartient à cette phalange de poètes qui traversent l'existence humaine avec la vitesse enflammée des météores. Il est effacé du monde à trente-cinq ans, comme Nerval est effacé du monde, comme Rimbaud est effacé de la poésie, et il a les mêmes dons fulgurants que ses successeurs, le même dédain de la pesanteur terrestre, la même facilité de dieu humain à obtenir le plus difficile. Sans doute est-il l'égal de Ronsard, et son œuvre paraît même à certains égards plus homogène, soulevée d'une énergie poétique plus continue. Ces poètes ne sont pas sans défauts, mais leurs défauts même ont les traits de leur génie, ils sont éclatants, insouciants et triomphants comme lui. Ronsard et du Bellay n'ont point pour eux-mêmes assez de sévérité, ils traitent avec désinvolture, et plient à toutes leurs exigences, une langue encore adolescente, ductile, docile, pleine de richesse et aussi de mollesse, et qui prendra bientôt sa revanche des caprices que lui ont fait subir les poètes de la Renaissance, en enserrant la poésie du XVIIIe siècle, jusqu'à l'étouffer, dans un corset de fer. Mais ces restes de gaucherie, et ces excès d'habileté, qui se trouvent chez du Bellay et Ronsard, ne les ont point empêchés d'atteindre souvent à la plus grande pureté dont la poésie française soit capable, et à cet égard, bien qu'ils aient été les plus favorisés des poètes du XVIe siècle par la bienveillance des siècles suivants, on ne leur a pas encore assez rendu justice. Les premières *Amours* de Ronsard, l'*Olive* de du Bellay, ont été négligés au profit des œuvres postérieures de l'un et de l'autre. Or, ces recueils ne sont pas seulement, dans une œuvre poétique qui rayonne tout entière de jeunesse, jusque dans ses moments funèbres, ceux qui resplendissent surtout de l'éclat doré de la jeunesse. Ils sont aussi dans l'œuvre de Ronsard et de du Bellay ceux où le grand esprit de la Renaissance est le plus complètement incarné. La densité de la *pensée poétique* y rappelle souvent les éblouissantes méditations de Scève, et on y trouve les derniers efforts, les derniers éclats de cette grande poésie intellectualiste, de cette transmutation intellectuelle de la sensibilité et de la sensualité par l'instrument poétique, dont Scève avait été le représentant souverain, et qui va disparaître de notre littérature pendant plus de trois siècles.

La Pléiade n'a peut-être rien apporté de nouveau à la Renaissance. Peut-être même quelques-unes des inestimables possibilités de la Renaissance commencent-elles à s'y fermer. Mais elle en a été le dernier, le plus tendre et le plus brillant triomphe. La poésie française n'a plus retrouvé, depuis lors, cette sensualité si humaine, ce culte des corps et des amours, ces douces arabesques, cette fraîcheur d'eau vive jusque dans le plus subtil artifice, ce goût admirable du bonheur, non pas combattu, mais accru et comme tendrement exalté par la certitude de la fragilité de toute chose, du peu de durée qu'ont la beauté, le plaisir, les chères souffrances de l'amour.

Ronsard et du Bellay puisent, en même temps qu'aux plus littéraires des thèmes de la poésie antique, aux sources mêmes des ruisseaux, aux racines des forêts ; les plus savants de leurs poèmes ont la grâce des rondes ou des chansons populaires ; l'extrême de l'artifice s'unit dans leur langage à l'extrême de la liberté. Il y a dans la poésie de la Pléiade une union extraordinaire de la mythologie et de la nature. Les rivières et les bois, les roses et la rosée sont pleins alors de secrets magiques, les nymphes et les amours s'installent dans les campagnes françaises où ils n'avaient jamais vécu, et qui pourtant les accueillent comme leurs plus anciens et plus naturels habitants. Ces surnaturels habitants de la terre, dont la poésie légère des siècles suivants fera de simples signes allégoriques, les mots de passe d'un ésotérisme de salon, possèdent alors, en vertu d'une extraordinaire résurrection littéraire, une existence dans la pensée poétique aussi réelle qu'ils la possédèrent jadis dans la pensée religieuse. La mythologie est, par la Pléiade, incorporée à la littérature à son état naissant, comme la projection du visible sans figure en figures invisibles. Le monde et ses fêtes, et ses femmes et ses matins portent, pour les yeux de Ronsard et de du Bellay, la mince parure d'or de leur épiderme divin. Il en résulte qu'il est impossible de concevoir une poésie à ce point grecque, latine, alexandrine, qui soit à ce point française. Ce qui se peuple alors d'Adonis aimés des déesses, de baigneuses nées des eaux mêmes, de Narcisse penchés sur leur mortelle image, ce sont des vallons de Touraine, des fontaines du Parisis ou du Vexin, des horizons rigoureux et doux, avec leurs toits et leurs fumées. Jamais poète n'a traité avec plus de conviction pathétique ce qu'on peut considérer comme les lieux communs de la littérature éternelle, jamais poésie, plus remplie de si brillants artifices, n'a montré cette robustesse, cette vivacité, cette santé, cette vitalité victorieuse, jamais poésie plus dansante et plus ivre de sa jeunesse n'a inscrit en elle avec plus d'intense discrétion les secrets tragiques du monde, les noirs filigranes de la mort. Jamais poètes n'ont été si pleins de spontanéité et de préciosité, de science et d'innocence en même temps.

*

D'Aubigné est notre Hugo, il est celui que Hugo crut être, et réussit à faire croire qu'il était. Aucun autre poète de France n'a cette carrure terrible, cette voix de géant inspiré, ce souffle fait pour les trompettes des désastres cosmiques, pour le rassemblement des nuées du déluge, la chute des murs réprouvés, l'appel de l'aube à Josaphat. Son œuvre est d'une richesse incomparable, et ce ne sont pas seulement *Les Tragiques,* noirs bataillons d'alexandrins rangés sous leurs enseignes farouches : *Fers, Feux, Vengeances ;* ce sont aussi les grands recueils de l'*Hécatombe,* du *Printemps,* des *Psaumes,* que traversent, non point des éclairs passagers, mais de grandes vagues lyriques, de grands enchaînements de strophes maintenues sans faiblesse à la plus haute altitude qui soit. Il n'est pas un poète qui appartienne, aussi peu que d'Aubigné, à notre vivant univers. Comme ces poissons abyssaux dont le cœur éclate dès que cesse de peser sur lui le poids de la mer tout entière, certains êtres ne trouvent rien d'habitable et de respirable qu'à l'envers noir du monde. Leur regard est aveuglé par le jour, leur âme est étouffée par la paix et par l'espérance, leur vol défaille au sein des tièdes courants du ciel et n'est porté que par les abîmes, comme s'il prenait son appui non pas sur les airs secourables, mais sur les atomes mortels et la substance irrespirable du vide. D'Aubigné est de ceux-là. Son royaume n'est pas dans l'humaine lumière du ciel, il n'est pas dans l'humaine nuit, il est dans cette nuit de la nuit dont seul il a su et nous a dénoncé l'existence, *au-delà des ombres funèbres.* Sous les sombres clartés du dédain, de la solitude et de la persécution, loin des tendres triomphes de son siècle, ce chef de bande en armes jette sur l'amour même des lueurs d'éclair et de soufre. Loin des vaisseaux en fête où les poètes de Lyon et les poètes de la Pléiade étreignent avec une même sensualité nuptiale des idées aux formes de chair et des femmes au nom étoilé, cet Alcyon erre entre les foudres, au sein du néant son chemin et de la fureur son refuge, son Dieu vaincu contre son cœur.

*

La poésie atteint au XVIᵉ siècle à un tel degré de splendeur et de vitalité que les poètes secondaires se distinguent alors des plus grands moins par la qualité de leurs œuvres que par la difficulté plus grande qu'ils trouvent à atteindre une même qualité. La plus grande partie de l'œuvre de Baïf, de Pontus de Tyart, de Jodelle, de Du Bartas, de Bertaut, de Desportes est seulement agréable, ou médiocre, ou gauche et embarrassée, ou terne ou prosaïque. Mais il n'est pas un de ces poètes en l'œuvre de qui ne puisse être découvert quelque fragment admirable, quelque éclat voluptueux ou sombre, quelque descente vers les profondeurs du mystère et de la mort, quelque essor mystique qui interdit de les considérer au rang des poètes mineurs. La haute pensée poétique de Scève est présente dans un ou deux sonnets des « *Erreurs amoureuses* » que Pontus de Tyart dédie magnifiquement « à l'ombre de sa vie ». Il y a chez Baïf tel sonnet d'une douceur voluptueuse unique qui est peut-être le chef-d'œuvre de la poésie érotique française, tel psaume en vers mesurés où, comme dans les plus beaux psaumes de D'Aubigné, la voix s'élève entre les murs des limbes de la terre, sans vibration, sans éclat, sans écho, du plus profond et du plus nu des dénuements humains. Il y a chez Desportes, non seulement le célèbre sonnet d'Icare, mais le miraculeux sonnet des *Ombres,* plus enveloppé de mystère que les plus mystérieuses ballades du romantisme germanique. Il y a le cantique à la Vierge de Bertaut, que Péguy, dans ses grands moments, ne dépassera pas. Il y a enfin chez Jodelle, à qui il ne manque presque rien pour atteindre au premier rang, le sonnet splendide à la triple Diane, stellaire, chasseresse, infernale, et les stances à

Claude Colet, un des chefs-d'œuvre incontestables de la poésie française, d'une si somptueuse et si pure magnificence que les *Stances à Du Périer* paraissent auprès oratoires et banales, et les strophes d'*A Villequier,* d'une vulgarité et d'une pauvreté indécentes.

*

Dans les mêmes années, ou presque, qui portaient à son plus haut rayonnement la gloire de la Pléiade, Garnier composait ses tragédies. Il n'est pas de poète, parmi nos grands poètes, dont la mémoire ait été traitée plus injustement. Dans la hiérarchie de nos écrivains, organisée par des juges mystérieux et irresponsables, mais consacrée par le respect des situations acquises, Garnier ne figure qu'en rang modeste. L'oubli ou le mépris vaudraient mieux pour lui que la condescendance avec laquelle on lui reconnaît quelques mérites. On a fait de lui un précurseur obscur et sacrifié, dont les travaux sans gloire ébauchèrent les formes de la tragédie française ; on ne lit pas ses œuvres, qu'on a décrétées illisibles, mais on leur est reconnaissant d'avoir ouvert la voie à des successeurs éclatants ; et *Les Juives,* — la seule tragédie de Garnier qui ait modestement survécu étant naturellement la plus ennuyeuse — sont parfois commentées dans les universités, moins pour leur beauté littéraire que pour la place qu'elles tiennent dans l'histoire du théâtre et de la langue. Ainsi, on a rejeté, non pas dans l'obscurité, mais dans une gloire obscure pour étudiants et philologues, un des génies les plus éclatants, les plus libres et les plus divers de nos lettres, un pair d'Agrippa d'Aubigné et de Ronsard, un des plus grands dramaturges, un des plus grands lyriques français.

Les tragédies de Garnier, qui n'ont jamais été représentées, passent pour indignes d'être portées à la scène. Au théâtre de Racine aussi, le plus *dramatique* qui soit, on a fait parfois le reproche d'être destiné à la lecture, plutôt qu'à la représentation, parce qu'il manque de cette agitation scénique que les dramaturges contemporains confondent volontiers avec l'action. Certes, il n'y a pas dans les tragédies de Garnier l'implacable et homicide enchaînement de Racine, cette nécessité dévorante, ce glissement, plus rapide de minute en minute, des héros sur la pente de la mort : la structure de ses pièces, avec leurs grands monologues, leurs invocations, le commentaire lyrique des chœurs, est plutôt à la ressemblance des tragédies antiques. Elles ont subi aussi l'influence de Sénèque, et sont encombrées parfois d'une rhétorique que sa sombre magnificence ne parvient pas toujours à soutenir. Mais le théâtre élisabéthain — dont la parenté avec le théâtre de Garnier est telle qu'on pourrait presque dire Garnier un élisabéthain français — a lui aussi ses lenteurs, ses répétitions, ses inutilités, ses moments d'enflure et d'emphase. Quel metteur en scène osera rendre ou plutôt donner la vie du théâtre à l'*Antigone* ou à l'*Hippolyte,* entreprise d'autant plus facile que la juste résurrection des élisabéthains a accoutumé le public à ce que le style théâtral a de plus libre, de plus inégal, de plus noir et de plus heurté ? C'est avec stupeur que le spectateur découvrira alors la prodigalité poétique qui emplit les drames de Garnier, la hauteur où ils se jouent, leur somptueuse et terrible beauté.

*

Garnier a pourtant été un lyrique, plus encore qu'un dramaturge. Dans les poèmes lyriques qu'il nous a laissés, le seul défaut semble dans l'excès même de la facilité. Il n'est pas un poète français à qui la grâce poétique ait été donnée avec plus de générosité, pas un dont l'œuvre poétique paraisse alimentée à une source ainsi ruisselante et inépuisable. Qui connaît, qui lit et relit l'ode pour la mort de Ronsard, où Garnier s'égale aux réussites les plus hautes de celui qu'il pleure ? Qui connaît telle élégie, dédiée à Nicolas de Ronsard, ouverte sur un crépuscule sombre et doré, et mourant en soupirs d'une limpidité céleste ? Certes Garnier est parfois trahi par sa surabondance, il a souvent quelque chose de relâché dans un lyrisme qui s'abandonne aux répétitions, aux développements, et n'atteint que rarement à la prodigieuse densité poétique où parvient la rigueur de Maurice Scève, et même de Jodelle. Il n'hésite pas, à l'occasion, à puiser dans les poètes anciens des strophes entières qu'il traduit avec une éclatante aisance. Mais on ne saurait contester au poète le droit de prendre à d'autres poètes, ses thèmes, ses mots, ses images, s'il le juge bon ; quelques-uns des plus raciniens parmi les vers de Racine, ne sont que la traduction de vers anciens, quelques-uns des vers que Nerval a chargés de toute l'irradiation nervalienne sont dans la traduction de *Faust,* ou dans la ballade de Lénore. Dans l'œuvre de Garnier, la poésie emporte tout : poésie qui se nourrit indifféremment d'Horace et de Sénèque, et des ruisseaux d'Ile-de-France qu'elle peuple de « naïades saintes », et de la myrrhe et des lis, et des dieux et des amours, et qui parfois s'élève aux astres et se fait suivre, comme dans le chœur prodigieux de *la Troade,* d'un somptueux cortège étoilé.

Mais le lyrisme de Garnier n'a pas besoin, pour s'éveiller et se libérer, des formes proprement lyriques. Les poèmes de Garnier, et les chœurs souvent sublimes des tragédies, ne doivent pas faire oublier les beautés plus mêlées, parfois plus éclatantes encore, des tragédies elles-mêmes. Ici encore, la variété des tons est extraordinaire. Certes, Garnier est, dans le cours de ses tragédies, gêné plus d'une fois, comme l'ont été tous les grands classiques, hors peut-être Racine, lorsqu'ils ont utilisé les ressources de l'alexandrin a des tâches trop discursives, à la discussion, à l'exposé, au récit. Mais il n'y a pas dans les tragédies de Garnier plus de faiblesses que dans les tragédies de Corneille, et Garnier, si sa personnalité de dramaturge est moins originale que celle de son puissant successeur, est à coup sûr plus naturellement et plus généreusement poète. Tantôt, il décharge dans les foudres du langage toute l'énergie humaine élémentaire, et arrache à la chair et à l'âme d'Hémon cette réplique stupéfiante :

Moi, j'ai toujours l'amour cousu dans mes entrailles.

Tantôt, il fait naître sur les lèvres des femmes délaissées les plaintes accablées et pures, la musique mortelle dont l'impitoyable Racine tire son cruel plaisir. Voici Bradamante qui gémit d'être privée de son amant :

Quelle mer, quel rivage a ce qui m'appartient ?

Plus loin, le ton même de la plainte change, et la douleur s'y pare d'une adolescente fraîcheur que le trop savant Racine ne connaît pas. C'est la même Bradamante qui appelle :

… Revenez, ma lumière,
Las ! et me redonnez ma saison printanière.

Quant à la « déclaration » et à la prière de la Phèdre de Garnier, il faut bien dire qu'elles s'égalent plus d'une fois à ce que le même sujet a inspiré à Racine de plus incomparable, c'est-à-dire à ce qui, dans la littérature dramatique, n'a point été dépassé. La Phèdre de Garnier est bien la même Phèdre, dévorée de la même tendre et terrible ardeur :

Dieux, qui voyez sécher mon sang dedans mes veines...

La sorcellerie de Garnier atteint par moments une telle puissance, l'incantation poétique s'y décharge en tels rayonnements que l'on est, par moments, tenté de traiter Racine, le meilleur Racine, en plagiaire :

Mieux eût valu pour toi, délaissée au rivage,
Comme fut Ariane en une île sauvage,
Ariane ta sœur, errer seule en danger...

Pourtant, ce n'est pas là encore que Garnier remporte ses plus surprenantes victoires, et l'on s'étonne moins de trouver en lui un Racine qu'un Shakespeare. Il n'a pas d'égal dans notre littérature, il n'en trouve qu'en Shakespeare et dans les antiques, lorsque ses héros se détournent des héros qu'ils affrontent, lorsqu'ils adressent la parole aux dieux, et, au-delà des dieux, à l'inconnu des éléments et des ténèbres, aux présences et aux imminences mortelles. Garnier est le poète incomparable de l'invocation, de l'imprécation, de la malédiction. Que sont les pâles déclamations de Camille, à côté des fureurs sacrées de Cléon, d'Œdipe, de Phèdre encore ? L'épouvante d'Oreste meurtrier est aussi belle que l'épouvante de Macbeth, et nous le voyons, lui aussi, devant ses propres mains, reculer de terreur :

Je fuirai ces deux mains, ces deux mains parricides...

Je ne connais guère, dans la poésie, de moments plus solennels et plus funestes que la conjuration adressée par Porcia à tous les maléfices des astres et aux divinités ténébreuses :

Toi, reine de la nuit, Hécate aux noirs chevaux...

Il y a ici un dialogue vraiment démoniaque entre l'homme et les puissances les plus informes et les plus noires de l'univers, une force hallucinatoire, une magie shakespearienne des songes nocturnes, des chiens hurlants, des hiboux funèbres, dont la tradition s'est perdue dans notre théâtre classique. Tel est Garnier.

*

On confond un peu trop volontiers le XVIIe siècle avec le siècle de Louis XIV. La courbe de gloire de la civilisation française n'a pas au XVIIe siècle un sommet, mais deux sommets de hauteur égale, et si le second est atteint aux

74

environs de 1670, le premier peut être situé aux environs de 1630. l'apogée de Louis XIV a été précédée de l'apogée de Louis XIII et de Richelieu. Louis XIV a pour lui la grandeur de Racine, et La Fontaine, et Molière, et Bossuet, et Versailles; peut-être le temps de Louis XIII offre-t-il le spectacle d'une richesse plus diverse. Au plus brillant du règne de Louis XIV, le moment de la gloire suprême pour la peinture française, pour la science française, pour la pensée philosophique française est déjà passé. Jamais, comme dans la première moitié du XVIIe siècle, la civilisation française n'a été près de pousser simultanément à leur point extrême ses plus diverses possibilités. Plus agité que l'époque de Louis XIV, moins favorisé par la clémence du sort, la paix intérieure, la grandeur d'une nation triomphante, la cour, le mécénat, ce temps où les croyances et l'incroyance s'affrontent, où la monarchie lutte avec les factions, où les dramaturges fixent les règles de leur art, où les philosophes construisent le monde, où les esprits multiplient les investigations, les interrogations, les disputes, ce temps où tout est encore sur la balance, et où tout est encore possible, a presque tout réalisé.

*

Aucun des étés florissants de l'histoire n'a donné plus riche moisson. C'est alors que Retz fixe dans ses Mémoires la langue française au point de perfection qu'elle ne dépassera plus. C'est alors que Corneille écrit ses comédies intellectuelles et dures, la merveilleuse *Illusion, le Cid,* et apporte dans le théâtre, avec les règles savantes et compliquées d'une esthétique nouvelle, son culte étrange et fanatique de la volonté solitaire, affirmant son dédain de toute entrave humaine à la double épreuve du crime et du sacrifice de soi. C'est alors qu'apparaissent, sur le champ de la pensée, jonché par Montaigne des débris des vieilles certitudes, le héros Descartes et le pathétique Pascal. C'est alors que Malherbe et Maynard ouvrent des voies

nouvelles à la poésie française et composent quelques-
unes de nos plus grandes œuvres lyriques. C'est alors que
Descartes et Pascal — eux encore — accroissent le
domaine et perfectionnent les méthodes de la physique et
de la mathématique dans des proportions incroyables, en
même temps qu'ils refont la philosophie. Le peintre de
Louis XIV s'appellera Le Brun, mais les peintres de ce
qu'on peut appeler le siècle de Louis XIII s'appellent
Philippe de Champaigne, les Le Nain, La Tour, Poussin
enfin, — et c'est de Fouquet à Poussin que la peinture
française acquiert le droit de balancer la peinture du plus
grand siècle d'Italie. Au même moment, les architectes
couvrent la France d'hôtels et de châteaux sans défaut. Le
style décoratif est un des plus beaux qui soient, d'une
somptuosité, d'une noblesse et d'une vigueur que la
génération suivante ne connaîtra plus. Époque aventureuse
et savante, galante, brillante, dure et profonde, où les
philosophes montent à cheval, où les cardinaux sont les
plus cyniques des intrigants, les plus audacieux des
politiques et les amants les plus réputés, où les plus
grandes dames se rendent illustres par leurs exploits de
maîtresses et d'amazones, où les aventuriers des guerres
civiles sont princes de l'Eglise et écrivains raffinés, le
temps de Louis XIII n'est pas riche seulement de ce qu'il
enfante et prépare, mais de ce qu'il mène à son terme, il
unit magnifiquement les accomplissements avec les promesses, la liberté avec la force, la violence de la jeunesse
avec les subtiles vertus de la décadence, la splendide
immoralité de la Renaissance dont il est digne avec la
noble ordonnance du Grand Siècle qui ne fait que le
continuer.

*

La poésie brille dans la première moitié du XVIIe siècle
d'un éclat égal à celui des autres arts et investigations. Le
demi-siècle où Maynard succède à Malherbe, et Corneille
à Maynard, compte parmi les moments heureux de

l'histoire poétique française, et l'école précieuse a produit alors des œuvres mineures, qui ne sont point méprisables. Malherbe a été victime des injustices commises en son nom. Maynard a été victime du voisinage de Malherbe. Corneille, d'une admiration qui s'est assez régulièrement portée sur ce que ce grand poète avait de moins admirable, le sublime « romain » et l'emphase héroïque ; victime aussi d'utilisations morales et patriotiques assez répugnantes. Malherbe a jeté hors du temps quelques poèmes d'une substance si dense, si pure, si inaltérable, qu'il n'en est guère qui puissent être dits plus exactement immortels. Maynard, qui dépassa son maître, est regardé comme un poète mineur, alors qu'il plane et respire à l'aise à une altitude lyrique que Lamartine et Hugo ne songent même pas à atteindre. Corneille est plus grand que sa gloire.

*

Les poètes du XVIᵉ siècle avaient presque tous reçu en partage la douceur insondable, les démons et les phosphores de la nuit. Les explorations intellectuelles de Scève le portaient aussi loin que possible des routes habituelles de l'âme, il s'enfonçait au cœur du silence du monde vers le fantôme adorable dont une femme de chair n'était que le reflet. D'Aubigné errait à travers son pays de brasiers et de cendres, portant, comme un coureur que vêtent les feux d'or de sa torche, son nimbe et son manteau infernal jusque dans la vive clarté du jour. Sur les fronts des héros de Garnier passaient les ailes noires des anges, des désirs, des crimes, des oiseaux nocturnes. Les poètes de la Pléiade, rassemblés sous leur patronage stellaire, recherchaient le secret de tout ce qui n'a de secret que la nuit, les feuillages, les femmes, les sources, ouvraient sur les aubes terrestres les jeunes yeux du réveil, abritaient sous des ombrages leurs dieux et leurs baisers. Au XVIIᵉ siècle, les tentations et les vertiges de la nuit, les tendres limbes terrestres, l'envers redoutable du monde ne sont pas oubliés des poètes. Saint-Amand, Tristan sont extraordinairement attentifs à la vie cachée du silence, de l'immobile et de l'obscur. On commence seulement aujourd'hui, après trois siècles de vaine critique, à suivre les sombres filigranes inscrits dans la substance hypocritement claire de Corneille. Malherbe n'est pas seulement le pompeux ordonnateur de la poésie du Grand Siècle. Il n'est pas seulement, comme Maynard, l'auteur de poésies érotiques dont la brutalité est dans la pure tradition du XVIe siècle, encore que la sensualité véritable en soit malheureusement absente. Il est encore, avec Maynard, un des pères du seul véritable et valable romantisme français. Les images de la vieillesse et de la mort étaient sans cesse présentes dans la poésie du XVIe siècle ; mais elles y étaient accueillies et traitées librement, pour être opposées aux images contraires de l'heure qu'il faut cueillir, de l'immortalité du poème, pour conseiller aux femmes de faire l'amour, et les avertir qu'elles ne seraient pas toujours désirables. Chez Malherbe et Maynard les mêmes images apparaissent avec je ne sais quoi de plus cruel, de plus inquiet et de plus morbide qui annonce Baudelaire et s'apparente au sadisme espagnol. Tel sonnet de Maynard, telle strophe splendide de Malherbe mêlent les thèmes, non de la vieillesse et de la mort, mais de la décrépitude et de la décomposition aux thèmes de la vie triomphante et même de l'érotisme. Mais ces ténèbres ne sont chez Malherbe et Maynard que les ennemies vaincues de la lumière, elles ne sont hantées que des monstres meurtris sous les pas de la victoire apollinienne, pourrissants sous les rayons corrupteurs de l'été. Maurice Scève et d'Aubigné étaient les poètes de la nuit. Malherbe et Maynard apparaissent dans notre littérature comme les premiers et peut-être les plus grands des poètes solaires, au matin d'un siècle solaire. Leur démarche est éclatante. Et leurs alexandrins, leurs strophes, leurs hymnes s'élèvent, triomphent, expirent avec la majesté du jour. A cet égard, ils ressemblent à leur contemporain Descartes, cavalier armé de lumière, Persée sauvant Dieu des ténèbres. Toutes les grandes images de Malherbe et de Maynard sont des images radieuses, moissons florissantes, fruits mûrs, brasiers clairs de passions resplendissantes, filles aux visages de feu. Il n'est presque pas un grand instant poétique dans l'œuvre de Malherbe et de Maynard, où ne brille le signe solaire sous lequel ils sont nés, les thèmes du déclin et de la mort se chargent, pour eux, non pas des ombres de la nuit, mais de toute la clarté du couchant, et lorsque Maynard nous annonce sa fin, il ne nous annonce pas un crépuscule :

> ... *Et l'on verra bientôt naître du sein de l'onde*
> *La première clarté de mon dernier soleil.*

Il ne songe à mourir que dans une dernière victoire du jour.

*

Corneille est le dernier héros de cette ère héroïque où fut accompli l'un des plus grands efforts de l'homme, et des plus féconds, pour une plus complète possession du monde. Ce n'est pas simple rencontre, si le mot de sa Médée émergeant seule des désastres est le mot même de Descartes au milieu de l'univers qui se dérobe : « Que vous reste-t-il ? — Moi. » Je suis, dit Médée. Je suis, dit Descartes. A nulle autre époque de notre littérature, l'affirmation du *moi* n'a eu ce caractère serein, stoïque, implacable. Au-dessus des flux et des reflux de la fortune et de l'infortune, au-dessus du bien et du mal, au-dessus de l'amitié et de l'inimitié des hommes, des dieux, du sort lui-même, les héros de Corneille s'affirment maîtres d'eux et maîtres du monde. Chevaliers assassins, amants sacrifiant leurs maîtresses, mères égorgeant leurs enfants, uniformément voués à abolir la pitié, la vengeance, la morale, l'amour, l'amitié, la colère, devant la décision d'une volonté hautaine et solitaire, jusque dans le crime le plus gratuit et le désintéressement le plus dénaturé, ils font sans nécessité don à autrui de la femme qu'ils aiment, ils trahissent leur père, ils assassinent leur fils, ils pardonnent à leur ennemi pour le seul plaisir de se sentir dociles à eux-mêmes, obéissants à leurs décrets inflexibles, mécanismes bien huilés que ne sauraient arrêter ni la peur, ni l'amour, ni le scrupule, ni la souffrance. Cette apothéose du pur pouvoir humain offrait malheureusement à Corneille les tentations de la rhétorique, du « romain », du sublime. Cet inestimable poète n'est poète que par moments.

*

Garnier avait sacrifié dans ses œuvres le drame à la poésie. Corneille avait sacrifié la poésie au drame. Racine porte à leur état de fusion poétique intégrale les matériaux jusque-là rebelles de l'art tragique. De là la place absolument incomparable et solitaire occupée par cet écrivain qui n'a, avec aucun autre, de parenté même lointaine. Lié à son siècle par les amitiés et par les inimitiés, par les bienfaits et par les offenses, ambassadeur devant la postérité de la grande époque qu'il paraît rassembler en lui et accomplir, Racine n'en est pas moins seul, tombé au sein de son siècle comme un météore inexplicable, porteur du feu d'un autre monde. De quels espaces, de quelles nuits sans fond arrivent sur la scène française ces créatures habitées de fatalités mortelles, ces serviteurs acharnés et lucides d'un destin qui les dévore ? La tragédie se fait ici poésie, la poésie se charge de puissances furieuses et de fièvres implacables, elle élève sa voix dans les limbes de l'angoisse humaine, sur une terre hantée de crimes et de silence, sous un ciel sournois et meurtrier. Racine jette au milieu du plus policé des siècles, d'un siècle qui attend de lui de beaux spectacles ordonnés, amoureux, héroïques, les bûchers humains, les meurtres rituels surgis du fond des âges, le vol noir des sorts funestes, le va-et-vient dans les âmes des grandes marées homicides. Mais jamais, fût-ce dans les cérémonies solennelles de la tragédie antique, les plus douces formes de la chair, les corps les plus glorieux, les âmes les plus riches de conscience et de passion n'avaient brûlé en se consumant d'une flamme aussi claire. Jamais artiste n'avait transmué en un tel or cruel le plus vif de l'humain, composé pureté plus miraculeuse de tant de trouble et de supplice. Les jeunes gens et les jeunes filles que Racine conduit à la mort sur sa scène, ce ne sont pas des jeunes gens et des jeunes filles, ce ne sont même pas des héros, ce sont les diverses figures, soudain éclatantes, pourvues d'un nom et d'une voix, de ce dieu qui meurt oublié au plus profond de chaque homme depuis le commencement du monde, Icare au vol toujours brisé, Prométhée crucifié, Orphée offert en proie à la bacchante immortelle. Racine n'est point auteur dramatique, il n'est point poète. Il met la poésie sur la scène, il compose de poésie ses tragédies tout entières. De là résulte que Racine porte la responsabilité du poète devant son œuvre à un degré qui n'a été égalé par nul autre. Possesseur serein, souverain sans conteste du domaine où les autres poètes n'accèdent que par l'effort, la méditation ou la transe, il semble désigné et né pour vivre et respirer à l'aise dans les espaces les moins explorés de l'ordinaire langage humain : artiste si maître de son art qu'il ne songe même pas à se forger un langage qui lui soit propre, et que les alliances de mots les plus ternes et les plus desséchées par l'usage, il suffit qu'elles aient passé un instant entre ses mains pour réapparaître aussitôt ruisselantes des gouttes lustrales du miracle. Aucun poète ne s'est vu obéi des démons que les naïfs « romantiques » crurent redoutables avec une si adorable docilité.

*

Si Racine avait eu des héritiers, c'est qu'il n'eût point été complètement Racine. Ce génie dévorant avait épuisé dans ses extrêmes ressources, porté à ses dernières conséquences la matière littéraire dont il disposait. Il ne laissait à ses successeurs d'autre voie ouverte que celle de l'imitation. Lorsqu'un art est parvenu à son instant classique, — lorsque les œuvres dans lesquelles il s'incarne épuisent les richesses et circonscrivent à leur limite les efforts d'une longue suite de siècles, lorsqu'une forme d'art a une fois atteint cette minute de plénitude où elle consomme toute la matière que l'époque lui soumet, cette forme d'art est vouée ensuite inéluctablement à une ère de stérilité. Une grande œuvre classique est un aboutissement, ce qui signifie qu'elle ne peut avoir d'héritage. Léonard de Vinci dit que c'est un pauvre disciple, celui qui ne dépasse pas son maître, voulant dire non que le disciple doit être plus grand que son maître, mais que, profitant de son maître, il doit charger d'un *supplément de sens* les formes d'art dont le maître s'est servi. Racine a fait une consommation si totale des ressources de la poésie française qu'il la laisse épuisée pour un siècle et demi.

*

Chénier s'efforcera de ranimer la morte aux lèvres de marbre à qui le ravisseur Racine a pris, pour les donner à Hermione et à Phèdre, le sang, le souffle et la pensée. Mais la poésie ne peut renaître qu'après que les transes de la civilisation et le bouleversement de la culture elle-même lui ont permis de quitter des voies qui ont été parcourues jusqu'à leur terme, de tracer son chemin dans des régions encore obscures et vierges de la conscience et du langage. Or, comme il arrive des terres régénérées par un bouleversement profond, la première végétation de la poésie française après 1800 n'est qu'une floraison hâtive et avortée. Les grands « romantiques » de 1830 ont eu l'étrange et injuste bénéfice du contraste avec l'absolue stérilité qui les avait précédés, du facile éclat de quelques-uns de leurs exercices verbaux, de l'attrait qu'exerçait sur le grand public la banale clarté de leurs œuvres et l'allure provocatrice de leurs manifestations, de l'ignorance où se trouvait ce grand public des époques vraiment éclatantes de la poésie française, comme le XVIe siècle, et le début du XVIIe. La place de Lamartine, de Hugo, de Vigny, de

Musset dans l'histoire de la poésie française ne tardera pas, il faut l'espérer, à apparaître ce qu'elle fut réellement, c'est-à-dire somme toute seconde. Ils n'apportèrent rien de nouveau dans la poésie, si ce n'est ce qui n'y avait jamais manqué, et s'attribuèrent la qualité de romantiques par un véritable abus de vocabulaire, puisqu'ils n'introduisirent à peu près rien en France de la vérité du romantisme étranger dont ils se prétendaient les imitateurs. Ils bornèrent leur révolution à quelques innovations d'ordre formel, d'ailleurs extrêmement timides. Enfin, ils manquèrent surtout de génie poétique, et c'est par imposture, distraction ou malentendu, qu'ils sont restés, dans l'histoire de la littérature française, les types de l'abondance et de la richesse lyrique. Il est en réalité extrêmement difficile d'extraire, des *Premières Méditations,* des *Nuits* ou de la *Légende des Siècles,* quelques vers, quelques fragments de vers véritablement poétiques. Il y a dans la *Chute d'un Ange* de Lamartine quelques vers d'une pureté, d'une solidité et d'une splendeur véritablement valéryennes ; dans la médiocrité de Vigny, quelques vers si beaux que l'auteur en paraît irresponsable ; Musset, qui était richement pourvu de dons mineurs, a écrit quelques chansons presque aussi admirables que son théâtre. Il a malheureusement écrit aussi les *Nuits.* Il y a dans l'œuvre de Hugo les possibilités innombrables d'une splendeur presque toujours vulgaire, impure ou avortée. On n'y peut découper que des citations très brèves, et le trait dominant de l'école de 1830 est dans l'immense déchet qu'elle laisse, dans la pauvreté poétique qui s'y associe à une singulière abondance verbale. Mais, dans le temps même où l'on assistait à l'immense avortement romantique, un jeune poète apparaissait qui ne put résister que quelques années à la morsure d'un génie intolérable et finalement mortel, un jeune poète qui connaissait, lui, et le XVIe siècle, et Racine, et le romantisme allemand. Ce poète, non le plus grand, mais le seul romantique français, porta son effort non sur des problèmes scolaires de prosodie ou de vocabulaire, mais sur la puissance irradiante même dont il s'agissait de recharger un langage vidé d'énergie poétique. Ce poète fit du langage le magique instrument d'un commerce continuel entre la réalité et l'inconnu dont elle est l'ombre, entre la chair sensible du présent et les figures immobiles dans le ciel du mythe et du souvenir, entre les choses et les esprits des choses, entre les visages des femmes que croisait son chemin et le fantôme dressé au delà des constellations visibles de sa maîtresse éternelle. La première moitié du XIXe siècle, dans l'histoire de la poésie française, ce n'est pas Hugo, Vigny, Lamartine, Musset : c'est ce diamant aux feux obscurs, cette limpidité insondable, ce miroir où se reflète la part invisible du monde : Gérard de Nerval.

*

Le XIXe siècle a donné naissance à un nombre incroyable de versificateurs diversement habiles, parmi lesquels apparaissent, après Nerval, deux ou trois poètes authentiques. Les défauts parfois insupportables de celui qui a donné à son œuvre ce titre ridicule, « Les Fleurs du Mal », son satanisme à bon marché, la médiocrité de certaines de ses œuvres trop admirées, les concessions qu'il fait selon le cas à un immoralisme et à un moralisme également fades et laborieusement didactiques, ne sauraient faire oublier qu'on doit à Baudelaire quelques poèmes noirs et splendides, qui comptent parmi les plus beaux de nos lettres. Il en est de même de Rimbaud, qui n'est assuré de durer, lui aussi, que pour une part de son œuvre relativement mince. Dans *le Bateau ivre,* lui-même, le déchet est important : c'est celui du bric-à-brac symboliste : *flottaison blême, noyé pensif, lichens de soleil, morves d'azur,* mais certaines strophes de cette beauté presque irrespirable au contact de laquelle le cœur humain est près de défaillir, ces seules strophes assureraient l'immortalité à Rimbaud, quand bien même l'attention se serait détournée des problèmes poétiques qu'il a posés et qui semblent d'ailleurs avoir été compliqués à plaisir. Ce jeune écrivain, aussi évidemment comblé de génie que Gérard de Nerval, parcourt en peu de temps, et sans un instant faire halte, toute l'étendue du domaine qui lui est offert. On peut dire qu'il n'y a pas pour lui de problème de la création littéraire, puisque le langage ne lui offre aucune résistance. Comme il est naturel à ceux qui jouent trop bien le jeu, il commence par le pastiche ; ses premiers vers sont dignes du pire Sully Prudhomme, puis du pire Hugo (*Le Forgeron*), puis de Nerval, puis des symbolistes. Explorateur passionné à la recherche des difficultés créatrices qui se dérobent, Rimbaud finit par briser le langage lui-même comme l'enfant le jouet dont il a parcouru jusqu'au bout les mystères, pour en faire jaillir le dernier miracle possible. Mais ces nouveaux secrets sont à leur tour épuisés, et Rimbaud finit dans la seule forme de révolte contre le langage qui ne se contredise pas elle-même, c'est-à-dire dans le silence.

*

Comme l'œuvre de Rimbaud, l'œuvre de Mallarmé est de peu de volume, mais elle dépasse de loin l'œuvre de Rimbaud par l'immensité des problèmes auxquels elle a été affrontée, par l'audace de ses explorations hors de l'univers poétique fréquenté, par les voies qu'elle illumine d'un bref éclair et laisse ouvertes derrière elle ; Rimbaud passe dans les lettres françaises comme un météore, poursuit sa route au-dessous de l'horizon de notre faible réalité, et illumine un instant de fragments éclatants les miraculeuses profondeurs dans lesquelles il se brise. L'alchimiste Mallarmé extrait lentement des abîmes du langage le produit de fusions mystérieuses, et remplit à peine le creux de nos mains de cristaux à l'éclat insoutenable et glacé. Mais, tandis que Rimbaud tentait d'enserrer dans les mailles d'un langage de plus en plus ingénieux et délié les fantômes aux couleurs sauvages que lui permet d'entrevoir, au-delà de son âme claire, un regard d'une extraordinaire acuité, le magicien Mallarmé sonde et torture les mots eux-mêmes, les soumet aux plus singulières combinaisons et aux plus insolites températures, pour les forcer à abandonner un peu de leurs pouvoirs les plus secrets, de leurs vertus les plus insaisissables. Ainsi retourne-t-il aux vraies richesses du poète, qui ne sont que les puissances insondables et méconnues enfermées dans le langage même. Les poèmes réunis de Mallarmé ne sont pour ainsi dire que d'extraordinaires montages où chaque mot, dégagé du terne esclavage du discours, passe sous nos yeux et se présente en lui-même, ouvert dans ses profondeurs d'azur et de nacre, avant de s'évanouir et de se fondre dans le mot suivant qui s'allume à son tour et brûle une seconde avec une pureté de feu. Nul poète peut-être ne nous a aussi clairement montré que chaque facette du langage, comme l'or des trésors souterrains, tient en elle un pouvoir endormi, et pour s'éveiller radieuse, n'attend que la visitation du jour.

*

Le début du XXᵉ siècle brille dans notre histoire littéraire d'un éclat qui n'a point d'égal dans les deux siècles précédents. Il n'est pas donné à beaucoup de générations de rassembler en elles une richesse égale à celle qui compte Gide, Barrès, Proust, Bergson, Maurras, Valéry, Péguy, Claudel, Apollinaire. Quant à la poésie, l'époque qui nous a donné les cinq derniers de ces noms se fera aisément pardonner d'avoir produit aussi Edmond Rostand et la comtesse de Noailles, et mérite d'être considérée comme une des époques royales de la poésie française. Il n'est pas impossible que cette ère favorisée dont nous nous éloignons déjà apparaisse demain toute baignée du printemps lumineux d'une nouvelle Renaissance.

AVERTISSEMENT

Le choix des poèmes que l'on soumet ici au lecteur n'a pas été conduit par des principes fixés une fois pour toutes et toujours égaux à eux-mêmes. La continuité même du dessein qu'on se proposait — définir par les textes mêmes la ligne des hauteurs dominantes de l'histoire poétique française — imposait en effet une variation constante des méthodes non seulement selon la valeur de chaque poète, mais selon sa situation. Il n'y avait aucun intérêt en effet à présenter une nouvelle anthologie de la poésie française, pour y insérer une fois de plus des textes très beaux, mais cent fois cités et présents dans toutes les mémoires. Il n'était pas plus utile de limiter le choix à des poèmes peu connus ou méconnus, ce qui eût eu pour résultat d'écarter de ce recueil des poètes dont l'œuvre est tout entière dans la pleine clarté de l'histoire et de la critique littéraire, comme Racine ou Rimbaud. Des poètes insuffisamment connus, et rarement édités, comme Scève, Garnier, Maynard, sont donc représentés ici par des extraits aussi larges et aussi divers que possible ; Villon, Racine dont l'œuvre est connue tout entière, par les poèmes ou les fragments les plus propres à rappeler devant le lecteur la force et la plénitude du courant poétique qui parcourt cette œuvre sans défaillance et sans discontinuité. Il n'a pas paru nécessaire de rien extraire de la poésie du XVIIIe siècle, qui n'offre à peu près rien de mémorable, ou des quelques poèmes agréables de Verlaine. De Lamartine, de Hugo, rien ne peut être rappelé, que quelques beaux et rares éclairs illuminant au hasard de *vastes compositions verbales d'une extrême médiocrité. Les quelques très beaux vers de Vigny sont présents à tous les esprits : on les a rappelés ici pour ne pas commettre une injustice apparente, ainsi que les chansons qui constituent à peu près le seul bagage poétique de Musset. A Nerval, Baudelaire, Rimbaud, Mallarmé, on a demandé leurs plus belles œuvres, qui sont loin d'être ignorées, en éliminant toutefois ce qui est trop habituellement cité* (El Desdichado, le Sonnet des Correspondances, le Sonnet des Voyelles). *Enfin, des extraits ont été donnés des grandes œuvres contemporaines les plus représentatives. Si Claudel n'a pas sa place ici, c'est parce que la poésie est chez Claudel répandue et diffuse dans de vastes œuvres de prose lyrique qui ne sauraient être exactement considérées comme des poèmes et constituent, en tout cas, des ensembles indivisibles. On a préféré l'écarter, plutôt que de donner de lui une image imparfaite et même indigne. Enfin, quelques œuvres d'une génération plus récente (Cocteau, Catherine Pozzi) ont été jointes à titre de témoignages de la continuité des traditions poétiques françaises et de la vitalité de la poésie de notre temps : on ne prétend pas qu'elles donnent une image des diverses tendances intéressantes de cette poésie, et, encore moins, des nombreuses expériences poétiques contemporaines ; quelle que puisse être leur importance, leur caractère même d'explorations ou de tentatives interdit de les considérer comme ayant dès maintenant en elles-mêmes une valeur exemplaire.*

D'une façon générale, l'absence de certains poètes, dans les pages qui suivent, ne doit en aucune façon être considérée comme équivalent à un jugement porté sur leur qualité poétique, le choix qui a été fait ici est donc un choix libre, non un choix systématique, cette liberté même étant le seul moyen de respecter approximativement les valeurs. Il n'y a dans ce choix aucune intention de prouver. Si la poésie française, de Villon à Racine, et plus particulièrement au XVIe siècle, y apparaît infiniment plus riche que dans les siècles postérieurs, si après Racine une sorte de crépuscule s'y étend sur la poésie jusqu'aux toutes dernières années du

XIXe siècle et au premier tiers, magnifiquement riche, du XXe, c'est que tels sont les faits. Certains lecteurs des éditions précédentes de cet ouvrage se sont étonnés d'y avoir trouvé des poèmes incomplets, de brefs fragments séparés de leur contexte, des vers isolés. Ils auraient dû s'aviser qu'il ne s'agit pas ici d'une anthologie, mais d'un recueil de citations. Le choix qui suit aura atteint son but, s'il conduit le lecteur à recourir aux textes intégraux dont il ne donne qu'une image imparfaite, pour une lecture sans préjugés.

Villon

LES LAIS

En ce temps que j'ai dit devant,
Sur la Noël, morte saison,
Que les loups se vivent de vent
Et qu'on se tient en sa maison,
Pour les frimas, près du tison...

LE TESTAMENT

I

En l'an de mon trentième âge
Que toutes mes hontes j'eus bues...

XXII

... Je plains le temps de ma jeunesse
— Auquel j'ai plus qu'autre gallé

Jusqu'à l'entrée de vieillesse —,
Qui son partement m'a celé.

Il ne s'en est à pied allé
N'à cheval : hélas ! comment donc ?
Soudainement s'en est vollé
Et ne m'a laissé quelque don.

XXIII

Allé s'en est, et je demeure,
Pauvre de sens et de savoir,
Triste, failli, plus noir que meure,
Qui n'ai ni cens, rente, n'avoir !
Des miens le moindre, je dis voir,
De me désavouer s'avance,
Oubliant naturel devoir
Par faute d'un peu de chevance...

XXVI

... Hé Dieu, si j'eusse étudié
Au temps de ma jeunesse folle
Et à bonnes mœurs dédié
J'eusse maison et couche molle.
Mais quoi, je fuyaie l'école
Comme fait le mauvais enfant.
En écrivant cette parole
A peu que le cœur ne me fend...

XXVIII

... Mes jours s'en sont allés errant
Comme dit Job, d'une touaille
Font les filets, quand tisserand

En son poing tient ardente paille :
Lors, s'il y a nul bout qui saille,
Soudainement il le ravit.
Si ne crains plus que rien m'assaille,
Car à la mort tout s'assouvit.

XXIX

Où sont les gracieux galants
Que je suivais au temps jadis,
Si bien chantants, si bien parlants,
Si plaisants en faits et en dits ?
Les aucuns sont morts et roidis,
D'eux il n'est plus rien maintenant :
Repos aient en paradis,
Et Dieu sauve le remenant !

XXX

Et les autres sont devenus,
Dieu merci ! grands seigneurs et maîtres,
Les autres mendient tout nus
Et pain ne voient qu'aux fenêtres ;
Les autres sont entrés en cloistres
De Célestins et de Chartreux,
Bottés, housés com pêcheurs d'oistres
Voyez l'état divers d'entre eux.

XXXI

Aux grands maîtres Dieu doint bien faire,
Vivants en paix et en requoy ;
En eux il n'y a que refaire,
Si s'en fait bon taire tout quoy.

Mais aux pauvres qui n'ont de quoi.
Comme moi, Dieu doint patience ;
Aux autres ne faut qui ne quoi,
Car assez ont pain et pitance...

LA VIEILLE EN REGRETTANT
LE TEMPS DE SA JEUNESSE

XLVII

Avis m'est que j'oui regretter
La belle qui fut hëaulmière,
Soi jeune fille souhaiter
Et parler en telle manière :
« Ha ! vieillesse félone et fière,
Pourquoi m'as si tôt abattue !
Qui me tient, qui, que ne me fière,
Et qu'à ce coup je ne me tue ?

XLVIII

« Tollu m'as la haute franchise
Que beauté m'avait ordonné
Sur clercs, marchands et gens d'Église :
Car lors il n'était homme né
Qui tout le sien ne m'eût donné,
Quoi qu'il en fût des repentailles,
Mais que lui eusse abandonné
Ce que refusent truandailles.

« A maint homme l'ai refusé,
Qui n'était à moi grand sagesse,
Pour l'amour d'un garçon rusé,
Auquel j'en fis grande largesse.
A qui que je fisse finesse,
Par m'âme, je l'aimaye bien !
Or ne me faisait que rudesse,
Et ne m'aimait que pour le mien.

L

« Si ne me sût tant détraîner,
Fouler aux pieds, que ne l'aimasse,
Et m'eût-il fait les reins traîner,
S'il m'eût dit que je le baisasse
Que tous mes maux je n'oubliasse.
Le glouton, de mal entiché,
M'embrassait… J'en suis bien plus grasse !
Que m'en reste-t-il ? Honte et péché.

LI

« Or est-il mort, passé trente ans,
Et je remains vieille, chenue.
Quand je pense, lasse ! au bon temps.
Quelle fus, quelle devenue ;
Quand me regarde toute nue,
Et je me vois si très changée,
Pauvre, sèche, maigre, menue,
Je suis presque toute enragée.

LII

« Qu'est devenu ce front poli,
Cheveux blonds, ces sourcils voûtils,

Grand entroeil, ce regard joli
Dont prenaye les plus subtils ;
Ce beau nez droit grand ni petit,
Ces petites jointes oreilles,
Menton fourchu, clair vis traictis,
Et ces belles lèvres vermeilles ?...

LIV

... « Le front ridé, les cheveux gris,
Les sourcils chus, les yeux éteints,
Qui faisaient regards et ris
Dont maints marchands furent atteints ;
Nez courbe de beauté lointain,
Oreilles pendantes, moussues,
Le vis pâli, mort et déteint,
Menton froncé, lèvres peaussues...

LVI

... « Ainsi le bon temps regrettons
Entre nous, pauvres vieilles sottes
Assises bas, à croupetons,
Tout en un tas comme pelotes,
A petit feu de chènevotes
Tôt allumées, tôt éteintes ;
Et jadis fûmes si mignotes !
Ainsi en prend à maints et maintes. »

LXXXVI

... « Item, mon corps j'ordonne et laisse
A notre grand mère la terre ;
Les vers n'y trouveront grand graisse,
Trop lui a fait faim dure guerre.

Or lui soit délivré grand erre :
De terre vient, en terre tourne ;
Toute chose, si par trop n'erre,
Volontiers en son lieu retourne...

LAI

... Mort, j'appelle de ta rigueur,
Qui m'as ma maîtresse ravie,
Et n'es pas encore assouvie
Si tu ne me tiens en langueur :
Onc puis n'eus force ni vigueur ;
Mais que te nuisait-elle en vie,
      Mort ?...

CLVI

... Beaux enfants, vous perdez la plus
Belle rose de vos chapeaux...

CLVII

... Ce n'est pas un jeu de trois mailles
Où va corps, et peut-être l'âme.
Qui perd, rien n'y sont repentailles
Qu'on n'en meure à honte et diffame ;
Et qui gagne n'a pas à femme
Dido la reine de Carthage...

CLIX

... A vous parle, compains de galle :
Mal des âmes et bien du corps,
Gardez-vous tous de ce mau hâle
Qui noircit les gens quand sont morts...

CLXI

... Ici n'y a ni ris ni jeu.
Que leur vaut-il avoir chevances
N'en grand lit de parement jeu,
Engloutir vins en grosses panses,
Mener joie, fêtes et danses,
Et de ce prêt être à toute heure ?
Toutes faillent telles plaisances
Et la coulpe si en demeure.

CLXII

Quand je considère ces têtes
Entassées en ces charniers,
Tous furent maîtres des requêtes
Au moins de la Chambre aux Deniers
Ou tous furent portepaniers :
Autant puis l'un que l'autre dire,
Car d'évêques ou lanterniers,
Je n'y connais rien à redire.

CLXIII

Et icelles qui s'inclinaient
Unes contre autres en leurs vies,
Desquelles les unes régnaient,
Des autres craintes et servies,

Là les vois toutes assouvies
Ensemble en un tas pêle-mêle :
Seigneuries leur sont ravies,
Clerc ni maître ne s'y appelle.

CLXIV

Or sont-ils morts, Dieu ait leurs âmes !
Quant est des corps, ils sont pourris.
Aient été seigneurs ou dames,
Souef et tendrement nourris
De crème fromentée ou riz,
Leurs os sont déclinés en poudre
Auquels ne chaut d'ébats ni ris.
Plaise au doux Jésus les absoudre !

CHANSON

... Au retour de dure prison
    Où j'ai laissé presque la vie...

BALLADE

Dame du Ciel, régente terrienne,
Emperière des infernaux palus,
Recevez-moi, votre humble chrétienne,
Que comprise soye entre vos élus,

Ce non obstant qu'oncques rien ne valus.
Les biens de vous, Ma Dame et Ma Maîtresse,
Sont trop plus grands que ne suis pécheresse,
Sans lesquels biens âme ne peut mérir
N'avoir les cieux. Je n'en suis jongleresse :
En cette foi je veux vivre et mourir.

A votre fils Dites que je suis sienne ;
De lui soyent mes péchés abolus ;
Pardonne-moi comme à l'Égyptienne,
Ou comme il fit au clerc Théophilus,
Lequel par vous fut quitte et absolus,
Combien qu'il eut au diable fait promesse.
Préservez-moi de faire jamais ce,
Vierge portant, sans rompure encourir,
Le sacrement qu'on célèbre à la messe :
En cette foi je veux vivre et mourir.

Femme je suis pauvrette et ancienne,
Qui rien ne sait ; oncques lettre ne lus.
Au moustier vois dont je suis paroissienne
Paradis peint, où sont harpes et luths,
Et un enfer où damnés sont boullus :
L'un me fait peur, l'autre joie et liesse.
La joie avoir me fait, haute Déesse,
A qui pécheurs doivent tous recourir,
Comblés de foi, sans feinte ni paresse :
En cette foi je veux vivre et mourir.

Vous portâtes, digne Vierge, princesse,
Jésus régnant qui n'a ni fin ni cesse.
Le Tout-Puissant, prenant notre faiblesse,
Laissa les cieux et nous vint secourir,
Offrit à mort sa très chère jeunesse ;
Notre Seigneur tel est, tel le confesse :
En cette foi je veux vivre et mourir.

L'ÉPITAPHE VILLON

Frères humains qui après nous vivez,
N'ayez les cœurs contre nous endurcis,
Car, si pitié de nous pauvres avez,
Dieu en aura plus tôt de vous merci.
Vous nous voyez ci attachés cinq, six :
Quant de la chair, que trop avons nourrie,
Elle est piéça dévorée et pourrie,
Et nous, les os, devenons cendre et poudre.
De notre mal personne ne s'en rie ;
Mais priez Dieu que tous nous veuille absoudre !

Si frères vous clamons, pas n'en devez
Avoir dédain, quoi que fûmes occis
Par justice. Toutefois, vous savez
Que tous hommes n'ont pas bon sens rassis ;
Excusez-nous, puisque sommes transis,
Envers le fils de la Vierge Marie,
Que sa grâce ne soit pour nous tarie,
Nous préservant de l'infernale foudre.
Nous sommes morts, âme ne nous harie ;
Mais priez Dieu que tous nous veuille absoudre !

La pluie nous a débués et lavés,
Et le soleil desséchés et noircis ;
Pies, corbeaux, nous ont les yeux cavés,
Et arraché la barbe et les sourcils.
Jamais nul temps nous ne sommes assis ;
Puis çà, puis là, comme le vent varie,
A son plaisir sans cesser nous charrie,
Plus becquetés d'oiseaux que dés à coudre.
Ne soyez donc de notre confrérie ;
Mais priez Dieu que tous nous veuille absoudre !

Prince Jésus, qui sur tous as maîtrie,
Garde qu'Enfer n'ait de nous seigneurie :
A lui n'avons que faire ni que soudre.
Hommes, ici n'a point de moquerie ;
Mais priez Dieu que tous nous veuille absoudre !

Scève

LA DELIE

XXXI

Les tristes sœurs plaignaient l'antique offense
Quand au plus doux serein de notre vie
Dédain s'émeut pour honnête défense
Contre l'ardeur de notre chaste envie ;
Et l'espérance en long temps poursuivie
Ne nous peut lors, tant soit peu, alléger.
   O vaine foi, ô croire trop léger,
Qui vous reçoit se fait son mortel hôte :
Pour non pouvoir ce malheur abréger
Qui le doux bien de liberté nous ôte.

XLVI

Si le désir, image de la chose,
Que plus on aime, est du cœur le miroir,
Qui toujours fait par mémoire apparoir
Celle, où l'esprit de ma vie repose,
A quelle fin mon vain vouloir propose
De m'éloigner de ce, qui plus me suit ?
   Plus fuit le Cerf, et plus on le poursuit,

Pour mieux le rendre, aux rets de servitude :
Plus je m'absente, et plus le mal s'ensuit
De ce doux bien, Dieu de l'amaritude.

XLIX

Tant je l'aimai, qu'en elle encor je vis :
Et tant la vis, que malgré moi, je l'aime.
Le sens, et l'âme y furent tant ravis,
Que par l'Œil faut, que le cœur la désaime.
   Est-il possible que ce degré suprême
Que fermeté son outrepas révoque ?
   Tant fut la flamme en nous deux réciproque,
Que mon feu luit, quand le sien clair m'appert.
Mourant le sien, le mien tôt se suffoque.
Et ainsi elle, en se perdant, me perd.

LII

Le fer se laisse, et fourbir, et brunir,
Pour se gagner avec son lustre gloire :
Où mon travail ne me fait, qu'embrunir
Ma foi passant en sa blancheur l'ivoire.
   Je contendrais par-dessus la victoire :
Mais hasardant hasard en mes malheurs,
Las je me fais dépouille en mes douleurs,
Qui me perdant, au perdre me demeurent,
Me demeurant seulement les couleurs
De mes plaisirs, qui, me naissant, me meurent.

LXXVII

Au Causasus de mon souffrir lié
Dedans l'Enfer de ma peine éternelle,
Ce grand désir de mon bien oublié,

Comme l'Autour de ma mort immortelle,
Ronge l'esprit par une fureur telle,
Que consommé d'un si ardent poursuivre,
Espoir le fait, non pour mon bien, revivre :
Mais pour au mal renaître incessamment,
Après qu'en moi ce mien malheureux vivre
Prométhéus tourmente innocemment.

LXXIX

L'Aube éteignait étoiles à foison,
Tirant le jour des régions infimes,
Quand Apollo montant sur l'Horizon
Des monts cornus dorait les hautes cimes.
Lors du profond des ténébreux Abîmes,
Où mon penser par ses fâcheux ennuis
Me fait souvent percer les longues nuits,
Je révoquai à moi l'âme ravie :
Qui, desséchant mes larmoyants conduits,
Me fit clair voir le Soleil de ma vie.

XCI

Oté du col de la douce plaisance,
Fus mis aux bras d'amère cruauté,
Quand premier j'eus nouvelle connaissance
De celle rare et divine beauté,
Qui obligea ma ferme loyauté
Au froid loyer de si grand servitude.
   Non que j'accuse en toi nature rude
Mais à me plaindre à toi m'a incité
L'avoir perdu en telle ingratitude
Les meilleurs ans de ma félicité.

O ans, ô mois, semaines, jours et heures,
O intervalle, ô minute, ô moment,
Qui consumez les durtés, voire seures,
Sans que l'on puisse apercevoir comment,
Ne sentez-vous, que ce mien doux tourment
Vous use en moi, et vos forces déçoit ?
Si donc le Cœur au plaisir, qu'il reçoit,
Se vient lui-même à martyre livrer :
Croire faudra, que la Mort douce soit,
Qui l'Ame peut d'angoisse délivrer.

CXVIII

Le chaud penser de mes frêles désirs
Me chatouillait à plus haute entreprise,
Me dérobant moi-même à mes plaisirs,
Pour détourner la mémoire surprise
Du bien, auquel l'Ame demeura prise :
Dont, comme neige au soleil je me fonds
Et mes soupirs dès leurs centres profonds
Si hautement élèvent leurs voix vives,
Que plongeant l'Ame, et la mémoire au fond,
Tout je m'abîme aux oublieuses rives.

CXXIV

Si Apollo restreint ses rais dorés,
Se marrissant tout honteux sous la nue,
C'est par les tiens de ce Monde adorés,
Desquels l'or pur sa clarté diminue.
   Parquoi soudain, qu'ici tu es venue,
Étant sur toi, son contraire, envieux,
A congelé ce Brouas pluvieux,

Pour contrelustre à ta divine face.
Mais ton teint frais vainc la neige des cieux,
Comme le jour la claire nuit efface.

CXXIX

Le jour passé de ta douce présence
Fut un serein en hiver ténébreux,
Qui fait prouver la nuit de ton absence
A l'œil de l'âme être un temps plus ombreux,
Que n'est au corps ce mien vivre encombreux,
Qui maintenant me fait de soi refus.
   Car dès le point, que partie tu fus,
Comme le lièvre accroupi en son gîte,
Je tends l'oreille, oyant un bruit confus,
Tout éperdu aux ténèbres d'Égypte.

CXXXVI

L'heur de notre heur enflambant le désir
Unit double âme en un même pouvoir :
L'une mourant vit du doux déplaisir,
Qui l'autre vive a fait mort recevoir.
   Dieu aveuglé tu nous as fait avoir
Sans autrement ensemble consentir,
Et posséder, sans nous en repentir,
Le bien du mal en effet désirable :
Fais que puissions aussi long temps sentir
Si doux mourir en vie respirable.

CXLIII

Le souvenir, âme de ma pensée,
Me ravit tant en son illusif songe,
Que, n'en étant la mémoire offensée,

Je me nourris de si douce mensonge.
    Or quand l'ardeur, qui pour elle me ronge,
Contre l'esprit sommeillant se hasarde,
Soudainement qu'il s'en peut donner garde,
Ou qu'il se sent de ses flammes grevé,
En mon penser soudain il te regarde,
Comme au désert son Serpent élevé.

CLII

Je sens le nœud de plus en plus étreindre
Mon âme au bien de sa béatitude,
Tant qu'il n'est mal qui la puisse contraindre
A délaisser si douce servitude...
    Quelle sera la délectation,
Si ainsi douce est l'ombre de l'attente?

CLXI

Seul avec moi, elle avec sa partie :
Moi en ma peine, elle en sa molle couche.
Couvert d'ennui je me vautre en l'Ortie,
Et elle nue entre ses bras se couche.
    Ha (lui indigne) il la tient, il la touche :
Elle le souffre ; et comme moins robuste,
Viole amour par ce lien injuste,
Que droit humain, et non divin, a fait.
    O sainte loi, à tous, fors à moi, juste,
Tu me punis pour elle avoir méfait.

CLXVI

Tout jugement de celle infinité,
Où tout concept se trouve superflu,
Et tout aigu de perspicuité

108

Ne pourraient joindre au sommet de son plus.
   Car seulement l'apparent du surplus,
Première neige en son blanc souveraine,
Au pur des mains délicatement saine,
Ahontirait le nu de Bethsabée :
Et le fragrant de sa suave haleine
Apourrirait l'odorante Sabée.

CLXXIV

Encore vit ce peu de l'espérance,
Que me laissa si grand longueur de temps,
Se nourrissant de ma vaine souffrance
Toute confuse au bien que je prétends.
   Et à me voir les Astres mal contents
Inspirent force au languissant plaisir
Pour mon acoup de veuil me dessaisir,
Qui persistant à ses fins prétendues,
A mon travail augmente le désir,
Strigile vain à mes sueurs perdues.

CCXVI

En divers temps, plusieurs jours, maintes heures,
D'heure en moment, de moment à toujours
Dedans mon âme, ô Dame, tu demeures
Toute occupée en contraires séjours.
   Car tu y vis, et mes nuits, et mes jours,
Voire exemptés des moindres fâcheries :
Et je m'y meurs en telles rêveries
Que je m'en sens hautement contenté,
Et si ne puis réfréner les furies
De cette mienne ardente volonté.

Tout le repos, ô nuit, que tu me dois,
Avec le temps mon penser le dévore :
Et l'Horloge est compter dessus mes doigts
Depuis le soir jusqu'à la blanche Aurore.
    Et sans du jour m'apercevoir encore,
Je me perds tout en si douce pensée,
Que du veiller l'Ame non offensée,
Ne souffre au corps sentir cette douleur
De vain espoir toujours récompensée
Tant que ce Monde aura forme, et couleur.

CCLIX

De toute Mer tout long et large espace,
De terre aussi tout tournoyant circuit,
Des Monts tout terme en forme haute et basse,
Tout lieu distant, du jour et de la nuit,
Tout intervalle, ô qui par trop me nuit,
Seront remplis de ta douce rigueur.
    Ainsi passant des Siècles la longueur,
Surmonteras la hauteur des Étoiles,
Par ton saint nom, qui vif en ma langueur
Pourra partout nager à pleines voiles.

CCCXXX

Au centre heureux, au cœur impénétrable
    A cet enfant sur tous les Dieux puissant,
Ma vie entra en tel heur misérable,
Que pour jamais, de moi se bannissant,
Sur son Printemps librement fleurissant
Constitua en ce saint lieu de vivre,
Sans autrement sa liberté poursuivre
    Ou se nourrit de pensements funèbres :

Et plus ne veut le jour, mais la nuit suivre,
Car sa lumière est toujours en ténèbres.

CCCLXVII

Assez plus long, qu'un Siècle Platonique,
Me fut le mois, que sans toi suis été ;
Mais quand ton front je revis pacifique,
Séjour très haut de toute honnêteté,
Où l'empire est du conseil arrêté
Mes songes lors je crus être devins.
  Car en mon corps, mon Ame, tu revins,
Sentant ses mains, mains célestement blanches,
Avec leurs bras mortellement divins
L'un couronner mon col, l'autre mes hanches.

CCCLXXII

Tu m'es le Cèdre encontre le venin
De ce serpent en moi continuel,
Comme ton œil cruellement bénin
Me vivifie au feu perpétuel,
Alors qu'Amour par effet mutuel
T'ouvre la bouche, et en tire à voix pleine
Cette douceur célestement humaine,
Qui m'est souvent peu moins, que rigoureuse,
Dont spire (ô Dieux) trop plus suave haleine,
Que n'est Zéphire en l'Arabie heureuse.

CCCLXXVI

Tu es le corps, Dame, et je suis ton ombre,
Qui en ce mien continuel silence
Me fais mouvoir, non comme Hécate l'Ombre,
Par ennuyeuse et grande violence,
Mais par pouvoir de ta haute excellence.

111

La blanche Aurore à peine finissait
D'orner son chef d'or luisant et de roses
Quand mon Esprit, qui du tout périssait
Au fond confus de tant diverses choses,
Revint à moi sous les Custodes closes
Pour plus me rendre envers Mort invincible,
   Mais toi, qui as (toi seule) le possible
De donner heur à ma fatalité,
Tu me seras la Myrrhe incorruptible
Contre les vers de ma mortalité.

CCCCVII

En moi saisons, et âges finissants
De jour en jour découvrent leur fallace.
Tournants les Jours, et Mois, et ans glissants,
Rides arants déformeront ta face.
   Mais ta vertu, qui par temps ne s'efface,
Comme la Bise en allant acquiert force,
Incessamment de plus en plus s'efforce
A illustrer tes yeux par mort ternis.
   Parquoi, vivant sous verdoyante écorce,
S'égalera aux Siècles infinis.

CCCCIX

Apercevant cet Ange en forme humaine,
Qui aux plus forts ravit le dur courage
Pour le porter au gracieux domaine
Du Paradis terrestre en son visage,
Ses beaux yeux clairs par leur privé usage
Me dorent tout de leurs rais épandus
   Et quand les miens j'ai vers les siens tendus,

Je me recrée au mal, où je m'ennuie,
Comme bourgeons au Soleil étendus,
Qui se refont aux gouttes de la pluie.

CCCCXXXIX

Bien que raison soit nourrice de l'âme,
Alimenté est le sens du doux songe
De vain plaisir, qui en tous lieux m'entame,
Me pénétrant, comme l'eau en l'éponge,
Dedans lequel il m'abîme et me plonge
Me suffoquant toute vigueur intime.
  Dont pour excuse, et cause légitime
Je ne me dois grandement ébahir,
Si ma très sainte et sage Diotime
Toujours m'enseigne à aimer, et haïr.

CCCCXL

Resplendissants les doux rais de ta grâce,
Et éclairants sur moi, mais sans effroi,
De mon cœur froid me rompirent la glace
Indissolvable alors, comme je crois,
Par un espoir d'un gracieux octroi,
Que je m'attends de ta grâce piteuse.
  Mon âme ainsi de sa paix convoiteuse
Au doux séjour, que tu lui peux bailler,
Se reposant sur ta douceur honteuse
Ne se veut plus en autre travailler.

ARION

Dessus le bord de la Mer coie et calme,
Au pied d'un roc, sous une sèche palme,
Arion triste étendu à l'envers
Chantait tout bas ces siens extrêmes vers.
   Qu'écoutez-vous, Dieux de la mer patente,
Tourbe marine autour de moi attente?
Qu'écoutez-vous, ô vous monstrueux poissons?
Attendez-vous les accoutumés sons
De cette Lyre enrouée, et jà casse?
Attendez-vous désormais qu'elle fasse
A vous Tritons délaisser leurs doulsaines,
Et oublier aux lascives Sirènes
Harpes, et Luths, et chansons déceptives,
Pour toujours être entour moi intentives?
   Prenez, Tritons, vos coquilles tortues,
Tournez en Mer par les ondes battues.
Et vous aussi Sirènes ennemies
Des riches nefs, rendez-les endormies,
Et laissez ci languissant sur la rive
Arion plein de douleur excessive.
Laissez le errer dessus le moite sable
Pleurant sans fin sa perte irrévocable...
... O vain désir des mortels, et fragile,
Volonté frêle, inconstante, et agile.
Humanité brutale, sotte et lourde
Qu'ignorer veut la mort nous être sourde...
               ... O délices mondaines,
Comment passez plus que le vent soudaines,
O vaine joie incontinent passante,
O joie vaine en un moment glissante
Sans nous laisser après soi que douleur,
Pleurs, plaints, regrets et infini malheur...

... Donc pour pleurer une si grande perte
J'habiterai cette terre déserte,
Où ce mien corps de peu à peu mourra,
Et avec moi seulement demourra
Pour compagnon sur cette triste rive,
Un doux languir jusqu'à la mort tardive.

LA SAULSAYE

L'HEUREUX PASTEUR

... Il est Seigneur des bois grands et épais
Desquels il n'a que doux séjour et paix...
... Les cailloux ronds lui donnent feu trisé
Les fleuves vin avec la main puisé,
La terre pain, Arbres fruit, Chèvres lait...
... Il a toujours au cœur les buissons verts,
Les Papillons colorés et divers ;
Ruisseaux bruyants, argentins, et fluides ;
Les Rocs moussus ; les cavernes humides ;
Les bois fleuris ; les poignants Eglantiers,
Les Aubépins parfumant les sentiers ;
Les vents souefs et les fontaines froides...

MICROCOSME

DIEU

Dieu, qui trine en un fus, triple es, et trois seras,
Et, comme tes Élus nous éterniseras,

De ton divin Esprit enflamme mon courage
Pour décrire ton Homme, et louer ton ouvrage,
Ouvrage vrayement chef-d'œuvre de ta main :
A ton image fait, et divin, et humain.

    Premier en son Rien clos se celait en son Tout,
Commencement de soi sans principe, et sans bout,
Inconnu, fors à soi connaissant toute chose,
Comme toute de soi, par soi, en soi enclose :

    Masse de Déité en soi-même amassée,
Sans lieu, et sans espace en terme compassée,
Qui ailleurs ne se peut, qu'en son propre tenir
Sans aucun temps prescrit, passé, ou avenir,
Le présent seulement continuant présent,
Son être de jeunesse et de vieillesse exempt :

    Essence pleine en soi d'infinité latente :
Qui seule en soi se plaît, et seule se contente,
Non agente, impassible, immuable, invisible
Dans son Éternité, comme incompréhensible,
Et qui de soi en soi étant sa jouissance
Consistait en Bonté, Sapience et Puissance...

APRÈS LA MORT D'ABEL

...   Vois ce corps, rien que corps, et verras par ton fils
Le meurtre, que sur toi, et dessus lui tu fis.
Comme vivant de face il te représentait,
Et en ses actions son Adam se sentait,
Il te montre ores mort la marque de ta faute,
Et la légèreté de sa mère mal caute
Trop crédule estimant vain nom être la Mort.
Qui de peur toutefois vaine et en vain la mord :
Car un jour tout ainsi que ce corps d'âme vide
Le tien mort cendrira au sein de terre humide.
Bien que cestuy plus tôt ait achevé son âge,
Et toi plus tardement termines ce voyage
Par le chemin plus long, comme lui par plus court,
D'un même pas chacun ensemble à la mort court...

  ...   Ce pendant cette vie en ton corps palpitante
Incessamment se meurt sa fin précipitante.
Comme en terre le grain ne cesse de pourrir,
Toi en terre vivant ne cesse de mourir.
Lui en se nourrissant va végétant sa plante,
Qui par sa mort renaît plus bellement plaisante.
Ton corps, semence aux tiens, se meurt premier ici
Du travail consumé, d'ennui, peine, et souci,
Pour mieux se préparer sous terre à pourriture,
Où mi-mangé des vers leur sera pour pâture.
Puis ensemble fusés, et en cendre réduits,
Eux de toi séparés, et à néant conduits,
Ta poussière reprise en corps purifié
Se verra glorieuse, et lui glorifié...
  ...   Mais pour autant qu'il fut instrument de l'esprit,
Et combien qu'avec lui, et par lui il méprit,
Si heureux néanmoins uni à Déité
Avec lui jouira de son éternité,
Quand le fils Éternel descendu vêtira
Votre misère humaine, et la mort souffrira
Pour innocent laver de son sang ton offense
Superbe rebellant à sa sainte défense...
  ...   Ainsi au désolé parlait son meilleur Ange,
Et à meilleur conseil le console, et le range
A reconnaître en soi sa faute, et son erreur,
Et en avoir à Dieu et tristesse, et horreur,
Et pource à son vouloir humble se contenter,
Et à meilleur espoir tout se patienter,
Et tandis honorer son mort de sépulture,
Pour frères et oiseaux par trop digne pâture.

    Par quoi Adam voyant des hauts monts jà descendre
Les ombres sur la plaine, et tout autour s'étendre,
Fossoye un creux en terre, auquel ce corps transi
Il couche, et l'enterrant son cœur enterre aussi.

Livre I.

... Si faibles ne pouvant nager contre telle onde,
   Jà leur avait laissé, de sa grâce infinie,
   Leur garde amie auprès, consolatif Génie
   Connivant au doux fils de la Nuit noire et sombre,
   Qui renversés les sent endormis sous son ombre,
   Pour Adam consoler du plus plaisant sommeil
   Jusqu'au blanc crépuscule humidement vermeil...

Livre II.

Pernette du Guillet

RIMES

HUITAINS

Jà n'est besoin que plus je me soucie
Si le jour fault, ou que vienne la nuit,
Nuit hivernale, et sans Lune obscurcie :
Car tout cela certes rien ne me nuit,
Puisque mon jour par clarté adoucie
M'éclaire toute, et tant, qu'à la minuit
En mon esprit me fait apercevoir
Ce que mes yeux ne surent oncques voir.

L'heur de mon mal, enflammant le désir
Fit distiller deux cœurs, en un devoir ;
Dont l'un est vif pour le doux déplaisir,
Qui fait que Mort tient l'autre en son pouvoir.
Dieu aveuglé, tu nous as fait avoir
Du bien le mal en effet honorable ;
Fais donc aussi que nous puissions avoir
En nos esprits contement durable.

... Pour contenter celui qui me tourmente
Chercher ne veux remède à mon tourment ;
Car en mon mal voyant qu'il se contente,
Contente suis de son contentement.

... Si le servir mérite récompense,
   Et récompense est la fin du désir,
   Toujours voudrais servir plus qu'on ne pense,
   Pour non venir au bout de mon plaisir.

... Non que je veuille ôter la liberté
   A qui est né pour être sur moi maître ;
   Non que je veuille abuser de fierté
   Qui à lui humble et à tous devrais être :
   Non que je veuille à dextre et à senestre
   Le gouverner, et faire à mon plaisir :
   Mais je voudrais pour nos deux cœurs repaître
   Que son vouloir fût joint à mon désir.

HUITAIN ITALIEN

« La faute en est à toi, amour, si j'ai trop osé, joignant
ma bouche à la tienne ; mais si tu veux me punir du baiser
que j'ai pris, fais qu'il me soit permis de le rendre. J'ai
reçu de tes lèvres une telle douceur que mon esprit faillit
s'envoler ; je sais qu'au second baiser il s'échappera ;
baise-moi donc si tu veux que je meure. »

CHANSON

... Je le lairrais faire à part ses discours,
   Puis peu à peu de lui m'écarterais,
   Et toute nue en l'eau me jetterais ;
   Mais je voudrais lors quant et quant avoir
   Mon petit luth accordé au devoir
   Duquel ayant connu et pris le son,
   J'entonnerais sur lui une chanson
   Pour un peu voir quels gestes il tiendrait.
   Mais si vers moi il s'en venait tout droit,
   Je le lairrais hardiment approcher ;

Et s'il voulait, tant soit peu, me toucher,
Lui jetterais, pour le moins, ma main pleine
De la pure eau de la claire fontaine,
Lui jetant droit aux yeux ou à la face...

Louise Labé

SONNETS

III

O longs désirs, ô espérances vaines,
Tristes soupirs et larmes coutumières
A engendrer de moi maintes rivières,
Dont mes deux yeux sont sources et fontaines :

O cruautés, ô durtés inhumaines,
Piteux regards des célestes lumières :
Du cœur transi ô passions premières,
Estimez-vous croître encore mes peines ?

Qu'encor Amour sur moi son arc essaye,
Que nouveaux feux me jette et nouveaux dards :
Qu'il se dépite, et pis qu'il pourra fasse :

Car je suis tant navrée en toutes parts,
Que plus en moi une nouvelle plaie
Pour m'empirer ne pourrait trouver place.

Tout aussi tôt que je commence à prendre
Dans le mol lit le repos désiré,
Mon triste esprit hors de moi retiré
S'en va vers toi incontinent se rendre.

Lors m'est avis que dedans mon sein tendre
Je tiens le bien, où j'ai tant aspiré,
Et pour lequel j'ai si haut soupiré
Que de sanglots ai souvent cuidé fendre.

O doux sommeil, ô nuit à moi heureuse !
Plaisant repos, plein de tranquillité,
Continuez toutes les nuits mon songe :

Et si jamais ma pauvre âme amoureuse
Ne doit avoir de bien en vérité,
Faites du moins qu'elle en ait en mensonge.

Oh si j'étais en ce beau sein ravie
De celui-là pour lequel vais mourant :
Si avec lui vivre le demeurant
De mes courts jours ne m'empêchait envie,

Si m'accolant me disait : chère Amie
Contentons-nous l'un l'autre, s'assurant
Que jà tempête, Euripe, ni Courant
Ne nous pourra disjoindre en notre vie :
Si de mes bras le tenant accolé
Comme du lierre est l'arbre encercelé
La mort venait, de mon aise envieuse :

Lors que souef plus il me baiserait
Et mon esprit sur ses lèvres fuirait,
Bien je mourrais, plus que vivante, heureuse.

Tant que mes yeux pourront larmes épandre,
A l'heur passé avec toi regretter :
Et qu'aux sanglots et soupirs résister
Pourra ma voix, et un peu faire entendre :

Tant que ma main pourra les cordes tendre
Du mignard Luth, pour tes grâces chanter :
Tant que l'esprit se voudra contenter
De ne vouloir rien fors que toi comprendre :

Je ne souhaite encore point mourir
Mais quand mes yeux je sentirai tarir,
Ma voix cassée, et ma main impuissante,

Et mon esprit en ce mortel séjour
Ne pouvant plus montrer signe d'amante :
Prierai la Mort noircir mon plus clair jour.

Ronsard

LES AMOURS

AMOURS DE CASSANDRE

XIX

Avant le temps tes tempes fleuriront,
De peu de jours ta fin sera bornée,
Avant ton soir se clorra ta journée.
Trahis d'espoir tes pensers périront.

Sans me fléchir tes écrits flétriront,
En ton désastre ira ma destinée,
Ta mort sera pour m'amour terminée,
De tes soupirs tes neveux se riront ;

Tu seras fait du vulgaire la fable,
Tu bâtiras sur l'incertain du sable,
Et vainement tu peindras dans les Cieux !

Ainsi disait la Nymphe qui m'affole,
Lorsque le ciel, témoin de sa parole,
D'un dextre éclair fut présage à mes yeux.

XXXI

Légers Démons, qui tenez de la terre
Et du haut ciel justement le milieu :
Postes de l'air, divins postes de Dieu,
Qui ses secrets nous apportez grand'erre,

Dites, Courriers — ainsi ne vous enserre
Quelque sorcier dans un cerne de feu —
Rasant les champs, dites, avous point vu
Cette beauté qui tant me fait la guerre ?

Si de fortune elle vous voit ça-bas,
Libre par l'air vous ne refuirez pas,
Tant doucement sa douce force abuse,

Ou comme moi, esclave vous fera,
De sa beauté, qui vous transformera
D'un seul regard ainsi qu'une Méduse.

XLIV

Verrai-je plus le doux jour qui m'apporte
Ou trêve ou paix, ou la vie ou la mort,
Pour édenter le souci qui me mord
Le cœur à nu d'une lime si forte ?

Verrai-je plus que ma Naïade sorte
Du fond de l'eau pour m'enseigner le port ?
Viendrai-je plus ainsi qu'Ulysse abord
Ayant au flanc son linge pour escorte ?

Verrai-je plus que ces astres jumeaux
En ma faveur encore par les eaux,
Montrent leur flamme à ma carène lasse ?

Verrai-je point tant de vents s'accorder,
Et calmement mon navire aborder,
Comme il soulait au havre de sa grâce ?

LII

Si seulement l'image de la chose
Fait à nos yeux la chose concevoir,
Et si mon œil n'a puissance de voir,
Si quelque idole au devant ne s'oppose ;

Que ne m'a fait celui, qui tout compose,
Les yeux plus grands, afin de mieux pouvoir
En leur grandeur la grandeur recevoir
Du simulacre où la vie est enclose ?

Certes le ciel trop ingrat de son bien,
Qui seul la fit, et qui seul vit combien
De sa beauté divine était l'idée,

Comme jaloux du trésor de son mieux,
Silla le monde, et m'aveugla les yeux,
Pour de lui seul seule être regardée.

CII

O de Népenthe, et de liesse pleine,
Chambrette heureuse, où deux heureux flambeaux,
Les plus ardents du ciel, et les plus beaux,
Me font escorte après si longue peine.

Or je pardonne à la mer inhumaine,
Aux flots, aux vents, la traison de mes maux,
Puisque par tant et par tant de travaux,
Une main douce à si doux port me mène.

Adieu tourments, adieu naufrage, adieu,
Vous flots cruels, aïeux du petit dieu
Qui dans mon sang a sa flèche souillée;

Ores ancré dedans le sein du port,
Par vous promis, j'appens dessus le bord
Aux dieux marins ma dépouille mouillée.

STANCES

Quand au temple nous serons
Agenouillés, nous ferons
Les dévots, selon la guise
De ceux qui pour louer Dieu
Humbles se courbent au lieu
Le plus secret de l'église.

Mais quand au lit nous serons
Entrelacés, nous ferons
Les lascifs, selon les guises
Des amants, qui librement
Pratiquent folâtrement
Dans les draps cent mignardises.

Pourquoi doncques, quand je veux
Ou mordre tes beaux cheveux,
Ou baiser ta bouche aimée,
Ou tâtonner ton beau sein,
Contrefais-tu la nonnain
Dedans un cloître enfermée?

Pour qui gardes-tu tes yeux,
Et ton sein délicieux,
Ta joue et ta bouche belle?
En veux-tu baiser Pluton
Là-bas, après que Caron
T'aura mise en sa nacelle?

Après ton dernier trépas,
Grêle, tu n'auras là-bas
Qu'une bouchette blêmie :
Et quand mort je te verrais
Aux ombres je n'avouerais
Que jadis tu fus m'amie...

AMOURS DE MARIE

XIII

Ma plume sinon vous ne sait autre sujet,
Mon pied sinon vers vous ne sait autre voyage,
Ma langue sinon vous ne sait autre langage,
Et mon œil sinon vous ne connaît autre objet.

Si je souhaite rien, vous êtes mon souhait,
Vous êtes le doux gain de mon plaisant dommage,
Vous êtes le seul but où vise mon courage,
Et seulement en vous tout mon rond se parfait...

XXX

L'an se rajeunissait en sa verte jouvence,
Quand je m'épris de vous, ma Sinope cruelle.
Seize ans était la fleur de votre âge nouvelle,
Et votre teint sentait encore son enfance.

Vous aviez d'une infante encor la contenance,
La parole et les pas ; votre bouche était belle,
Votre front et vos mains dignes d'une immortelle,
Et votre œil, qui me fait trépasser quand j'y pense.

129

Amour, qui ce jour là si grandes beautés vit,
Dans un marbre, en mon cœur, d'un trait les écrivit ;
Et si, pour le jour d'hui, vos beautés si parfaites

Ne sont comme autrefois, je n'en suis moins ravi,
Car je n'ai pas égard à cela que vous êtes,
Mais au doux souvenir des beautés que je vis.

LES ODES

ODE XII

... Homme chétif et misérable,
   Pauvre abusé, ne sais-tu pas
   Que la jeunesse est peu durable,
   Et que la mort guide nos pas,
   Et que notre fangeuse masse
   Si tôt s'évanouit en rien,
   Qu'à grand'peine avons-nous l'espace
   D'apprendre le mal et le bien ?

   Le Destin et la Parque noire
   En tous âges sillent nos yeux :
   Jeunes et vieux ils mènent boire
   Les flots du lac oblivieux.
   Même les Rois foudres de guerre,
   Dépouillés de veines et d'os,
   Ainsi que vachers, sous la terre,
   Viendront au trône de Minos...

ODE XXII

   Celui qui est mort aujourd'hui
   Est aussi bien mort que celui

Qui mourut au jour du déluge.
Autant vaut aller le premier
Que de séjourner le dernier
Devant le parquet du grand juge

Incontinent que l'homme est mort,
Pour jamais ou longtemps il dort
Au creux d'une tombe enfouie,
Sans plus parler, ouïr, ni voir ;
Hé, quel bien saurait-on avoir
En perdant les yeux ou l'ouïe ?

Or l'âme, selon le bienfait
Qu'hôtesse du corps elle a fait,
Monte au ciel, sa maison natale ;
Mais le corps, nourriture à vers,
Dissous de veines et de nerfs,
N'est plus qu'une ombre sépulcrale.

Il n'a plus esprit ni raison,
Emboîture ni liaison,
Artère, pouls, ni veine tendre,
Cheveu en tête ne lui tient,
Et, qui plus est, ne lui souvient
D'avoir jadis aimé Cassandre...

Homère est mort, Anacréon,
Pindare, Hésiode et Bion,
Et plus n'ont souci de s'enquerre
Du bien et du mal qu'on dit d'eux ;
Aussi, après un siècle ou deux,
Plus ne sentirai rien sous terre...

Livre III.

ODE XVI

A Cupidon, pour punir Jane cruelle.

Le jour pousse la nuit
    Et la nuit sombre
Pousse le jour qui luit
    D'une obscure ombre.

L'automne suit l'été
    Et l'âpre rage
Des vents n'a point été
    Après l'orage.

Mais la fièvre d'amour
    Qui me tourmente
Demeure en moi toujours
    Et ne s'alente.

Ce n'était pas moi, Dieu,
    Qu'il fallait poindre ;
Ta flèche en autre lieu
    Se devait joindre.

Poursuis les paresseux
    Et les amuse,
Et non pas moi, ni ceux
    Qu'aime la Muse.

Hélas, délivre moi
    De cette dure
Qui rit, quand plus d'émoi
    Voit que j'endure.

Redonne la clarté
    A mes ténèbres,
Remets en liberté
    Mes jours funèbres.

Amour, sois le support
　　De ma pensée
Et guide à meilleur port
　　Ma nef cassée.

Tant plus je suis criant
　　Plus me reboute ;
Plus je la suis priant
　　Moins ell' m'écoute.

Ni ma pâle couleur
　　D'amour blêmie,
N'a ému à douleur
　　Mon ennemie ;

Ni sonner à son huis
　　De ma guiterre,
Ni pour elle les nuits
　　Dormir à terre.

Plus cruel n'est l'effort
　　De l'eau mutine
Qu'elle, lorsque plus fort
　　Le vent s'obstine.

Ell' s'arme en sa beauté
　　Et si ne pense
Voir de sa cruauté
　　La récompense.

Montre-toi le vainqueur
　　Et d'elle enflamme,
Pour exemple, le cœur
　　De telle flamme

Qui Byblis alluma
　　Trop indiscrète,

Et d'ardeur consuma
La reine en Crète.

Livre III.

ODE XXIV

A Gaspard d'Auvergne.

En vain l'on fuit la mer qui sonne
Contre les gouffres, ou la guerre,
Ou les vents malsains de l'automne
Qui soufflent la peste en la terre ;
Puisque la mort qui nous enterre
Jeune nous tue, et nous conduit
Avant le temps, au lac qui erre
Par le royaume de la nuit...

Livre III.

ODE XVII

A René D'Urvoi.

Je n'ai pas les mains apprises
Au métier muet de ceux
Qui font une image assise
Sur des piliers paresseux...

... Les colonnes élevées
Ni les marbres imprimés
De grosses lettres gravées,
Ni les cuivres animés,

Ne font que les hommes vivent
En images contrefaits,

Comme les vers qui les suivent
Pour témoins de leurs beaux faits.

Si la plume d'un poète
Ne favorisait leur nom,
Leur vertu serait muette,
Et sans langue leur renom.

Du grand Hector la mémoire
Fut jà morte, si les vers
N'eussent empenné sa gloire
Voletant par l'univers...

... Les plumes doctes et rares
Jusqu'au ciel ont envoyé
Arraché des eaux avares
Achille presque noyé.

C'est la Muse qui engarde
Les bons de ne mourir pas,
Et qui nos talons retarde
Pour ne dévaler là-bas.

La Muse l'enfer défie,
Seule nous élève aux cieux,
Seule nous donne la vie
Et nous met au rang des Dieux.

Livre IV.

LES HYMNES

HYMNE DE LA MORT

.. Je m'en vais découvrir quelque source sacrée
D'un ruisseau non touché, qui murmurant s'enfuit

Dedans un beau verger, loin de gens et de bruit;
Source que le soleil n'aura jamais connue,
Que les oiseaux du ciel de leur bouche cornue
N'auront jamais souillée, et où les pastoureaux
N'auront jamais conduit les pieds de leurs taureaux...

Hymne II.

HYMNE A LA NUIT

Nuit, des amours ministre, et sergente fidèle
Des arrêts de Vénus, et des saintes lois d'elle,
  Qui secrète accompagne
L'impatient ami de l'heure accoutumée,
O l'aîmée des dieux, mais plus encore aimée
  Des étoiles compagnes,
Nature de tes dons adore l'excellence,
Tu caches les plaisirs dessous muet silence
  Que l'amour jouissante
Donne, quand ton obscur étroitement assemble
Les amants embrassés, et qu'ils tombent ensemble
  Sous l'ardeur languissante...
... C'est toi qui les soucis, et les gênes mordantes,
Et tout le soin enclos dans nos âmes ardentes
  Par ton présent arraches.
C'est toi qui rends la vie aux vergers qui languissent,
Aux jardins la rosée, et aux cieux qui noircissent
  Les idoles attaches.
Mets, si te plaît, déesse, une fin à ma peine,
Et dompte sous mes bras celle qui est tant pleine
  De menaces cruelles,
Afin que de ses yeux — yeux qui captifs me tiennent —
Les trop ardents flambeaux plus brûler ne me viennent
  Le fond de mes moelles.

Pièces retranchées.

Je vous salue, Enfants de la première nuit,
Heureux astres divins...

Pièces retranchées.

ÉLÉGIE

LA MORT DE NARCISSE

... Ce que je vois me plaît, et si je n'ai puissance,
Tant je suis désastré, d'en avoir jouissance,
Ni tant soit peu baiser la bouche que je voi,
Qui ce semble, me baise, et s'approche de moi.
Mais ce qui plus me deut, c'est qu'une dure porte,
Qu'un roc, qu'une forêt, qu'une muraille forte
Ne nous sépare point, seulement un peu d'eau
Me garde de jouir d'un visage si beau.
Quiconque sois, enfant, sors de l'eau, je te prie.
Quel plaisir y prends-tu ? Ici l'herbe est fleurie,
Ici la torte vigne, à l'orme s'assemblant,
De tous côtés épand un ombrage tremblant...
... Où fuis-tu ? disait-il ; celui qui te supplie,
Ni sa jeune beauté, n'est digne qu'on le fuie.
Las ! demeure, où fuis-tu ? Les nymphes de ces bois
Ne m'ont point dédaigné, ni celle qui la voix
Fait retentir aux monts d'une complainte lente,
Et si n'ont point joui du fruit de leur attente,
Car alors de l'amour mon cœur n'était époint
Pour aimer maintenant ce qui ne m'aime point...

STANCES

VI

LES DERNIERS VERS

Il faut laisser maisons, et vergers, et jardins,
Vaisselles, et vaisseaux que l'artisan burine,
Et chanter son obsèque en la façon du cygne
Qui chante son trépas sur les bords méandrins.

C'est fait ! J'ai dévidé le cours de mes destins ;
J'ai vécu, j'ai rendu mon nom assez insigne ;
Ma plume vole au ciel pour être quelque signe,
Loin des appas mondains qui trompent les plus fins

Heureux qui ne fut onc ! plus heureux qui retourne
En rien, comme il était ! plus heureux qui séjourne
D'homme fait nouvel ange, auprès de Jésus-Christ.

Laissant pourrir ça-bas sa dépouille de boue,
Dont le sort, la fortune et le destin se joue,
Franc des liens du corps pour n'être qu'un esprit.

Du Bellay

L'OLIVE

XI

Des vents émus la rage impétueuse
Un voile noir étendait par les cieux,
Qui l'horizon jusqu'aux extrêmes lieux
Rendait obscur, et la mer fluctueuse.

De mon soleil la clarté radieuse
Ne daignait plus apparaître à mes yeux,
Ains m'annonçaient les flots audacieux
De tous côtés une mort odieuse

Une peur froide avait saisi mon âme
Voyant ma nef en ce mortel danger,
Quand de la mer la fille je réclame,

Lors tout soudain je vois le ciel changer,
Et sortir hors de leurs nébuleux voiles
Ces feux jumeaux, mes fatales étoiles.

XXVI

La nuit m'est courte, et le jour trop me dure,
Je fuis l'amour, et le suis à la trace,

Cruel me suis, et requiers votre grâce,
Je prends plaisir au tourment que j'endure.

Je vois mon bien et mon mal je procure,
Désir m'enflamme, et crainte me rend glace,
Je veux courir, et jamais ne déplace,
L'obscur m'est clair, et la lumière obscure.

Vôtre je suis, et ne puis être mien,
Mon corps est libre, et d'un étroit lien
Je sens mon cœur en prison retenu.

Obtenir veux, et ne puis requérir,
Ainsi me blesse, et ne me veut guérir
Ce vieil enfant, aveugle archer, et nu.

XLV

Ores qu'en l'air le grand Dieu du tonnerre
Se rue au sein de son épouse aimée,
Et que de fleurs la nature semée
A fait le ciel amoureux de la terre.

Or que des vents le gouverneur desserre
Le doux Zéphire, et la forêt armée
Voit par l'épais de sa neuve ramée
Maint libre oiseau, qui de tous côtés erre :

Je vais faisant un cri non entendu
Entre les fleurs du sang amoureux nées,
Pâle, dessous l'arbre pâle étendu,

Et de son fruit amer me repaissant,
Aux plus beaux jours de mes vertes années
Un triste hiver sens en moi renaissant.

140

O faible esprit, chargé de tant de peines,
Que ne veux-tu sous la terre descendre ?
O cœur ardent, que n'es-tu mis en cendre ?
O tristes yeux, que n'êtes-vous fontaines ?

O bien douteux ! ô peines trop certaines !
O doux savoir, trop amer à comprendre !
O Dieu qui fais que tant j'ose entreprendre,
Pourquoi rends-tu mes entreprises vaines ?

O jeune archer, archer qui n'as point d'yeux,
Pourquoi si droit as-tu pris ta visée ?
O vif flambeau, qui embrases les Dieux,

Pourquoi as-tu ma froideur attisée ?
O face d'ange ! ô cœur de pierre dure !
Regarde au moins le tourment que j'endure.

LXXVI

Quand la fureur, qui bat les grands coupeaux,
Hors de mon cœur l'Olive arrachera,
Avec le chien le loup se couchera,
Fidèle garde aux timides troupeaux.

Le ciel, qui voit avec tant de flambeaux,
Le violent de son cours cessera.
Le feu sans chaud et sans clarté sera,
Obscur le rond des deux astres plus beaux.

Tous animaux changeront de séjour
L'un avec l'autre, et au plus clair du jour
Ressemblera la nuit humide et sombre,

Des prés seront semblables les couleurs,
La mer sans eau, et les forêts sans ombre,
Et sans odeur les roses et les fleurs.

LXXXI

Celle qui tient l'aile de mon désir,
Par un seul ris achemine ma trace
Au paradis de sa divine grâce
Divin séjour du Dieu de mon plaisir.

Là les amours volent à tout loisir,
Là est l'honneur, engravé sur sa face,
Là les vertus, ornement de sa race,
Là les beautés, qu'au ciel on peut choisir.

Mais si d'un œil foudroyant elle tire
Dessus mon chef quelque trait de son ire,
J'abîme au fond de l'éternelle nuit.

Là n'est ma soif aux ondes périssante,
Là mon espoir et se fuit et se suit,
Là meurt sans fin ma peine renaissante.

XCVII

S'il a dit vrai, sèche pour moi l'ombrage
De l'arbre saint, ornement de mes vers,
Mon nom sans bruit erre par l'univers,
Pleuve du ciel sur moi toute la rage.

S'il a dit vrai, de mes soupirs l'orage,
De cruauté les durs rochers couverts
De désespoir les abîmes ouverts,
Et tout péril conspire en mon naufrage.

S'il a menti, la blanche main d'ivoire
Ceigne mon front des feuilles que j'honore :
Les astres soient les bornes de ma gloire,

Le ciel bénin me découvre sa trace ;
Vos deux beaux yeux, deux flambeaux que j'adore,
Guident ma nef au port de votre grâce.

LXXXIII

Déjà la nuit en son parc amassait
Un blanc troupeau d'étoiles vagabondes,
Et, pour entrer aux cavernes profondes,
Fuyant le jour, ses noirs chevaux chassait ;

Déjà le ciel aux Indes rougissait,
Et l'aube encor, de ses tresses tant blondes,
Faisant grêler mille perlettes rondes,
De ses trésors les prés enrichissait ;

Quand d'Occident, comme une étoile vive,
Je vis sortir dessus ta verte rive,
O fleuve mien ! une nymphe en riant.

Alors, voyant cette nouvelle aurore,
Le jour, honteux, d'un double teint colore
Et l'Angevin et l'Indique Orient.

ODES

*A Salmon Macrin,
Sur la mort de sa Gélonis.*

Tout ce qui prend naissance
Est périssable aussi ;

143

L'indomptable puissance
Du sort le veut ainsi…

… La beauté composée
Pour flétrir quelquefois,
Ressemble à la rosée
Qui tombe au plus doux mois…

… Cuides-tu par ta plainte
Soulever un tombeau
Et d'une vie éteinte
Rallumer le flambeau ?…

… Il faut que chacun passe
En l'éternelle nuit :
La mort, qui nous menace,
Comme l'ombre nous suit.

Le temps, qui toujours vire,
Riant de nos ennuis,
Bande son arc qui tire
Et nos jours et nos nuits.

Ses flèches, empennées
De siècles révolus
Emportent nos années
Qui ne retournent plus.

CONTRE LES ENVIEUX POÈTES

… Volez, bienheureux oiseaux,
Messagers de la victoire,
Sur les éternelles eaux
Des filles de la Mémoire…

144

DE L'INCONSTANCE DES CHOSES

... Que sont devenus
   Les murs tant connus
   De Troie superbe ?
   Ilion est comme
   Maint palais de Rome
   Caché dessous l'herbe...

LA CONDITION DU VRAI POÈTE

... Il tarde le cours des ondes,
   Il donne oreilles aux bois,
   Et les cavernes profondes
   Fait rechanter sous sa voix,

   Voix que ne feront point taire
   Les siècles s'entresuivants.
   Voix qui les hommes peut faire
   A eux-mêmes survivants...

... Où me guidez-vous, Pucelles,
   Race du père des Dieux ?
   Où me guidez-vous, les belles,
   Et vous, nymphes aux beaux yeux ?...

VERS LYRIQUES A DEUX DEMOISELLES

V

... Je chanterai que vos mérites
   Vous égalent aux trois Charites,
   Qui font des chapeaux florissants
   A la joyeuse Cyprienne,

Dansant avec la troupe sienne
Par les prés de loin rougissants.
Telles sont les chastes compagnes,
Qui parmi forêts et campagnes,
Fleuves et ruisseaux murmurants,
Suivent la Vierge chasseresse,
Quand d'un pied léger elle presse
Le dos des cerfs légers courants...

LES REGRETS

VI

Las ! où est maintenant ce mépris de Fortune ?
Où est ce cœur vainqueur de toute adversité,
Cet honnête désir de l'immortalité,
Et cette honnête flamme au peuple non commune ?

Où sont ces doux plaisirs qu'au soir, sous la nuit brune,
Les Muses me donnaient, alors qu'en liberté,
Dessus le vert tapis d'un rivage écarté,
Je les menais danser aux rayons de la lune ?

Maintenant la fortune est maîtresse de moi,
Et mon cœur, qui soulait être maître de soi,
Est serf de mille maux et regrets qui m'ennuient.

De la postérité je n'ai plus de souci,
Cette divine ardeur, je ne l'ai plus aussi,
Et les Muses de moi, comme étranges, s'enfuient.

IX

France, mère des arts, des armes et des lois,
Tu m'as nourri longtemps du lait de ta mamelle !

Ore, comme un agneau qui sa nourrice appelle,
Je remplis de ton nom les antres et les bois.

Si tu m'as pour enfant avoué quelquefois,
Que ne me réponds-tu maintenant, ô cruelle ?
France, France, réponds à ma triste querelle :
Mais nul, sinon Écho, ne répond à ma voix.

Entre les loups cruels j'erre parmi la plaine.
Je sens venir l'hiver, de qui la froide haleine
D'une tremblante horreur fait hérisser ma peau.

Las ! tes autres agneaux n'ont faute de pâture,
Ils ne craignent le loup, le vent, ni la froidure :
Si ne suis-je pourtant le pire du troupeau.

XVII

... Ainsi donc tu jouis du repos bienheureux,
Et comme font là-bas ces doctes amoureux,
Bien avant dans les bois te perds avec ta dame :

Tu bois le long oubli de tes travaux passés,
Sans plus penser à ceux que tu as délaissés,
Criant dessus le port ou tirant à la rame.

LES ANTIQUITÉS DE ROME

VII

Sacrés coteaux, et vous, saintes ruines,
Qui le seul nom de Rome retenez,

Vieux monuments, qui encor soutenez
L'honneur poudreux de tant d'âmes divines ;

Arcs triomphants, pointes du ciel voisines,
Qui de vous voir le ciel même étonnez,
Las ! peu à peu cendre vous devenez,
Fable du peuple, et publiques rapines !

Et bien qu'au temps pour un temps fassent guerre
Les bâtiments, si est-ce que le temps
Œuvres et noms finablement atterre.

Tristes désirs, vivez donque contents :
Car si le temps finit chose si dure,
Il finira la peine que j'endure.

XV

Pâles esprits, et vous, ombres poudreuses,
Qui jouissant de la clarté du jour
Fîtes sortir cet orgueilleux séjour
Dont nous voyons les reliques cendreuses ;

Dites, esprits — ainsi les ténébreuses
Rives du Styx non passable au retour,
Vous enlaçant trois fois d'un triple tour,
N'enferment point vos images ombreuses ! —

Dites-moi donc, — car quelqu'une de vous,
Possible encor, se cache ici dessous —,
Ne sentez-vous augmenter votre peine,

Quand quelquefois de ces coteaux romains
Vous contemplez l'ouvrage de vos mains
N'être plus rien qu'une poudreuse plaine ?

Quand ce brave séjour, honneur du nom latin,
Qui borna sa grandeur d'Afrique et de la Bise,
De ce peuple qui tient les bords de la Tamise
Et de celui qui voit éclore le matin,

Anima contre soi, d'un courage mutin
Ses propres nourrissons, sa dépouille conquise,
Qu'il avait par tant d'ans sur tout le monde acquise,
Devint soudainement du monde le butin :

Ainsi, quand du grand tout la fuite retournée,
Où trente-six mille ans ont sa course bornée,
Rompra des éléments le naturel accord,

Les semences, qui sont mères de toutes choses,
Retourneront encore à leur premier discord,
Au ventre du chaos éternellement closes.

Pontus de Tyard

LES ERREURS AMOUREUSES

A L'OMBRE DE MA VIE

VŒU

Pour réclamer à mes tristes langueurs
L'heureuse fin si longtemps désirée,
Et par ma foi si fermement jurée
Tirer pitié des plus fermes rigueurs :

Pour invoquer aux cruelles fureurs
De la tempête à ma mort conjurée,
En ses deux feux mon étoile adorée
Calme présage à mes longues erreurs :

Pour découvrir combien de révérence
J'ai à la rare, ou unique excellence,
Qui dore, emperle et enrichit notre âge.

J'appens et voue en toute humilité
Ce que je puis de l'immortalité
Aux sacrés pieds de cette sainte image.

... La superbe majesté,
   La force, et la gravité,
   Et la chaste continence,
   Sont sous le joug de tes lois :
   Et les sages, et les Rois,
   Le murmure, et le silence.

   La sanglante cruauté,
   L'odieuse vérité,
   L'obscur oubli, la mémoire,
   La discorde, et l'amitié,
   La rigueur et la pitié
   Accompagnent ta victoire...

... Mes membres vaincus et las
   Te suivent en tremblant pas,
   Evigé, Libre père.
   Son âne tardif et vain
   De pied Silène, et de main,
   Bat, presse, et se désespère.

   Dessus un lit chancelant
   Dans les bras du sommeil lent,
   Frère des trois pâles Fées,
   Je te vois, victorieux,
   Sacrer deux sommeillants yeux,
   Pour honorer tes trophées.

EPICEDE

En vain l'Homme journalier
D'un souhait sa vie allonge :
Le premier jour est dernier,
L'Homme n'est qu'ombre d'un songe...

151

Père du doux repos, Sommeil père du songe,
Maintenant que la nuit, d'une grande ombre obscure
Fait à cet air humide couverture,
Viens, Sommeil désiré, et dans mes yeux te plonge.

Ton absence, Sommeil, languissamment allonge,
Et me fait plus sentir la peine que j'endure.
Viens, Sommeil, l'assoupir et la rendre moins dure,
Viens abuser mon mal de quelque doux mensonge.

Jà le muet silence un escadron conduit
De fantômes ballant dessous l'aveugle nuit,
Tu me dédaignes seul qui te suis tant dévot !

Viens, Sommeil désiré, m'envelopper la tête,
Car d'un vœu non menteur un bouquet je t'apprête
De ta chère morelle, et de ton cher pavot.

Jodelle

LES AMOURS

II

Des astres, des forêts et d'Achéron l'honneur,
Diane, au monde haut, moyen et bas préside,
Et ses chevaux, ses chiens, ses Euménides guide,
Pour éclairer, chasser, donner mort et horreur.

Tel est le lustre grand, la chasse, et la frayeur
Qu'on sent sous ta beauté claire, prompte, homicide,
Que le haut Jupiter, Phébus et Pluton cuide
Son foudre moins pouvoir, son arc et sa terreur.

Ta beauté par ses rais, par son rets, par la crainte
Rend l'âme éprise, prise, et au martyre étreinte :
Luis-moi, prends-moi, tiens-moi, mais hélas ne me perds

De flambants forts et griefs, feux, filets et encombres,
Lune, Diane, Hécate, aux cieux, terre et enfers
Ornant, quêtant, gênant, nos Dieux, nous et nos ombres.

Comme un qui s'est perdu dans la forêt profonde
Loin de chemins, d'orée, et d'adresse, et de gens ;
Comme un qui en la mer grosse d'horribles vents
Se voit presque engloutir des grands vagues de l'onde,

Comme un qui erre aux champs, lorsque la nuit au monde
Ravit tout clarté, j'avais perdu longtemps
Voie, route et lumière, et presque avec le sens,
Perdu longtemps l'objet, où plus mon heur se fonde.

Mais quand on voit, — ayant ces maux fini leur tour —
Aux bois, en mer, aux champs, le bout, le port, le jour,
Ce bien présent plus grand que son mal on vient croire.

Moi donc qui ai tout tel en votre absence été,
J'oublie, en revoyant votre heureuse clarté,
Forêts, tourmente, et nuit, longue, orageuse et noire.

ÉLÉGIE

... O destin malheureux ! ô dure cruauté !
Malheureux fut le jour que je vis ta beauté.
Malheureux fut le lieu de notre connaissance,
Et moi plus malheureux d'être sous ta puissance

Car je ne puis, ma Dame, ores me délier,
Je ne puis te laisser, je ne puis t'oublier,
Et malgré tes rigueurs cruelles et étranges,
Je ne te puis changer, encor que tu me changes :

Il ne peut dans mon cœur entrer autre que toi.
Et, toujours solitaire, à part je rementoi

Tes gracieux propos, et le privé langage
Que tu tenais avant de changer de courage...

... Ah, que ne suis-je mort en ce temps-là, ma Dame,
Que nous étions tous deux épris de même flamme,
N'étant pas moins aimé que j'étais amoureux,
Ah ! que je fusses mort content et bienheureux !...

AUX CENDRES DE CLAUDE COLET

Si ma voix, qui me doit bientôt pousser au nombre
Des Immortels, pouvait aller jusqu'à ton ombre,
    Colet, à qui la mort
Se montra trop jalouse et dépite d'attendre
Que tu eusses parfait ce qui te peut défendre
    De son avare port ;

Si tu pouvais encor sous la cadence sainte
D'un luth, qui gémirait et ta mort et ma plainte,
    Tout ainsi te ravir,
Que tu nous ravissais dessous tant de merveilles,
Lorsque durant tes jours je faisais tes oreilles
    Sous mes lois s'asservir ;

Tu ferais écouter à la troupe sacrée
Des mânes bienheureux, qui seule se récrée
    Entre les lauriers verts,
Les mots que maintenant, dévot en mon office,
Je redirai neuf fois, pour l'heureux sacrifice
    Que te doivent mes vers.

Mais pour ce que ma voix, adversaire aux ténèbres,
Ne pourrait pas passer par les fleuves funèbres,

Qui de bras tortillés
Vous serrent à l'entour, et dont peut-être l'onde
Pourrait souiller mes vers, qui dedans notre monde
Ne seront point souillés ;

Il me faut contenter, pour mon devoir te rendre,
De témoigner tout bas à ta muette cendre,
Bien que ce soit en vain,
Que cette horrible sœur qui a tranché ta vie
Ne tranche point alors l'amitié qui me lie,
Où rien ne peut sa main...

... Sois-moi donc un témoin, ô toi tombe poudreuse ;
Sois-moi donc un témoin, ô toi fosse cendreuse,
Qui t'anoblis des os
Déjà pourris en toi, sois témoin que j'arrache
Malgré l'injuste mort ce beau nom qui se cache.
Dedans sa poudre enclos.

Vous qui m'accompagnez, ô trois fois pucelles,
Qu'on donne à ce beau nom des ailes immortelles
Pour voler de ce lieu,
Jusqu'à l'autel que tient votre mère Mémoire,
Qui, regagnant sans fin sur la mort la victoire,
D'un homme fait un Dieu.

Pour accomplir mon vœu, je vais trois fois épandre
Trois gouttes de ce lait dessus la sèche cendre,
Et tout autant de vin.
Tiens, reçois le cyprès, l'amaranthe et la rose
O cendre bienheureuse, et mollement repose
Ici jusqu'à la fin.

Vers la fin d'Océan où le soleil se couche
Sont les Mores derniers, près l'échine foulée
Du grand Atlas portant la machine étoilée :
De là l'on m'a montré la sage enchanteresse,
La vieille Béroé, Massyline prêtresse,
Qui le temple gardait aux Iles Hespérides,
Appâtant le dragon de ses douceurs humides,
Et d'oublieux pavots, et prenant elle-même
La garde du fruit d'or des soucis plus extrêmes...

Acte III, Scène I.

Dieux, qu'ai-je soupçonné ? Dieux, grands Dieux, qu'ai-je
[su ?
Mais qu'ai-je de mes yeux moi-même aperçu ?
Veut donc ce déloyal avec ses mains traîtresses
Mon bonheur, mes bienfaits, son honneur, ses promesses
Donner pour proie aux vents ? Je sens, je sens glacer
Mon cœur, mon sang, ma voix, ma force et mon penser.
Las ! Amour, que deviens-je ? et quelle âpre furie
Vient se planter au but de ma trompeuse vie ?
Trompeuse, qui flattait mon aveugle raison,
Pour enfin l'étouffer d'un étrange poison ?...

Acte II, Scène I.

CLÉOPÂTRE CAPTIVE

... Ah, mort, ô douce mort, mort seule guérison
Des esprits oppressés d'une étrange prison,

Pourquoi souffres-tu tant à tes droits faire tort ?
T'avons nous fait offense, ô douce, ô douce mort ?
Pourquoi n'approches-tu, ô Parque trop tardive ?...

Acte II, Scène I.

Baïf

PSAUME CXXI

(vers mesurés)

Sur le haut des monts, çà et là regardant,
J'ai levé mes yeux, si secours me viendrait.
Mon secours me vient du Seigneur, qui fit les
        Terres et les cieux.

Il ne souffrira le Seigneur, que ton pied
Bronche faux marchant. Il ne dormira pas
Lui qui est ton garde : il ne dormira pas
        Non, ni le prendra

Nul sommeil, lui, lui vigilant qui vient seul
Israël garder. Le Seigneur te gardra :
Voire il t'ombrera le Seigneur : à ta droite
        Il se tiendra.

Les rayons ardents du soleil de plein jour,
Ni de nuit la lune, n'iront t'offenser ;
Ains de tout danger le Seigneur te gardra :
        L'âme il te gardra.

Quand dehors sortir du dedans tu voudras :
Quand dedans rentrer du dehors tu viendras :
Il te gardera le Seigneur désormais
        Partout et toujours.

LES AMOURS

O doux plaisir plein de doux pensement,
Quand la douceur de la douce mêlée
Étreint et joint l'âme en l'âme mêlée,
Le corps au corps accouplé doucement.

O douce vie, ô doux trépassement,
Mon âme alors de grand joie troublée,
De moi dans toi s'écoulant à l'emblée,
Puis haut, puis bas, quiert son ravissement

Quand nous ardents, Méline, d'amour forte,
Moi d'être en toi, toi d'en toi tout me prendre,
Par cela mien, qui dans toi entre plus,

Tu le reçois, me laissant masse morte ;
Puis vient ta bouche en ma bouche le rendre,
Me ranimant tous mes membres perclus.

D'Aubigné

HÉCATOMBE A DIANE

XXI

Vous qui avez écrit qu'il n'y a plus en terre
De Nymphe porte-flèche errante par les bois,
De Diane chassante ainsi comme autrefois
Elle avait fait aux cerfs une ordinaire guerre,

Voyez qui tient l'épieu ou échauffe l'enferre,
Mon aveugle fureur, voyez qui sont ces doigts
D'albâtre ensanglanté, marquez bien le carquois,
L'arc et le dard meurtrier, et le coup qui m'atterre,

Ce maintien chaste et brave un cheminer accord :
Vous diriez à son pas, à sa suite, à son port,
A la face, à l'habit, au croissant qu'elle porte,

A son œil qui domptant est toujours indompté,
A sa beauté sévère, à sa douce beauté
Que Diane me tue, et qu'elle n'est pas morte.

LX

Je dépite à ce coup ton inique puissance,
O nature cruelle à tes propres enfants,

161

Terre ivre de mon sang, ô astres rougissants,
Bourreaux du ciel injuste, avec leur influence,

Je n'ai peur d'échauffer sur mon outrecuidance
Votre aveugle fureur, vos courroux impuissants.
Ils sont sourds, je le sais, car mes soupirs cuisants
N'ont pu impétrer d'eux une pauvre audience ;

Si en les diffamant, je les puis faire ouïr,
J'aurai en les fâchant de quoi me réjouir :
Ils entendront de moi tant d'étranges désastres

Contraires au destin, contraires à leur cours,
Qu'au lieu d'être ennemis, j'aurai à mon secours
La nature, la terre, et le ciel, et les astres.

LE PRINTEMPS

STANCES

I

... Je cherche les déserts, les roches égarées,
   Les forêts sans chemin, les chênes périssants
   Mais je hais les forêts de leurs feuilles parées,
   Les séjours fréquentés, les chemins blanchissants...

... J'aime à voir de beautés la branche déchargée,
   A fouler le feuillage étendu par l'effort
   D'Automne, sans espoir leur couleur orangée
   Me donne pour plaisir l'image de la mort...

... Ainsi comme le temps frissonnera sans cesse
Un printemps de glaçons et tout l'an orageux,
Ainsi hors de saison une froide vieillesse
Dès l'été de mes ans neige sur mes cheveux.

Si quelquefois poussé d'une âme impatiente
Je vais précipitant mes fureurs dans les bois,
M'échauffant sur la mort d'une bête innocente,
Ou effrayant les eaux et les monts de ma voix,

Milles oiseaux de nuit, mille chansons mortelles
M'environnent, volant par ordre sur mon front :
Que l'air en contrepoids, fâché de mes querelles,
Soit noirci de hiboux et de corbeaux en rond.

Les herbes sécheront sous mes pas, à la vue
Des misérables yeux dont les tristes regards
Feront tomber les fleurs et cacher dans la nue
La lune et le soleil et les astres épars.

Ma présence fera dessécher les fontaines
Et les oiseaux passants tomber morts à mes pieds,
Étouffés de l'odeur et du vent de mes peines :
Ma peine, étouffe-moi comme ils sont étouffés !...

... Il reste qu'un démon, connaissant ma misère,
Me vienne un jour trouver aux plus sombres forêts,
M'essayant, me tentant pour que je désespère,
Que je suive ses arts, que je l'adore après :

Moi, je résisterai, fuyant la solitude
Et des bois et des rocs, mais le cruel suivant
Mes pas, assiégera mon lit et mon étude,
Comme un air, comme un feu, et léger comme un vent.

Il m'offrira de l'or, je n'aime la richesse,
Des états, des faveurs, je méprise les cours,
Puis me promettera le corps de ma maîtresse :
A ce point Dieu viendra soudain à mon secours...

... Au plus haut de midi, des étoiles les feux,
Voyant que le soleil a perdu sa lumière,
Jettent sur mon trépas leurs pitoyables jeux,
Et de tristes aspects soulagent ma misère :
L'hymne de mon trépas est chanté par les cieux...

... Tout gémit, tout se plaint, et mon mal est si fort
Qu'il émeut fleurs, coteaux, bois et roches étranges,
Tigres, lions et ours et les eaux et leur port,
Nymphes, les vents, les cieux, les astres et les anges.
Tu es loin de pitié et plus loin de ma mort.

... Je briserai, la nuit, les rideaux de sa couche,
Assiégeant des trois Sœurs infernales son lit,
Portant le feu, la plainte et le sang en ma bouche ;
Le réveil ordinaire est l'effroi de la nuit,
Mon cri contre le ciel frappera la vengeance
Du meurtre ensanglanté fait par son inconstance.

Non l'air n'a pas perdu ces soupirs misérables,
Moqués, meurtris, payés par de traîtres souris :
Ces soupirs renaîtront, viendront épouvantables
T'effrayer à minuit de leurs funestes cris :
L'air a serré mes pleurs en noirs et gros nuages
Pour crever à minuit de grêles et d'orages.

Lors, son teint périssant et ses beautés perdues
Seront l'horreur de ceux qui transis l'adoraient,
Ses yeux déshonorés des prunelles fondues
Seront tels que les miens alors qu'ils se mouraient,
Et de ses blanches mains sa poitrine offensée
Souffrira les assauts de sa juste pensée.

Aux plus subtils démons des régions hautaines
Je prêterai mon corps pour leur faire vêtir,
Pâle, défiguré, vrai miroir de mes peines ;
En songe, en vision, ils lui feront sentir
Proche son ennemi, dont la face meurtrie
Demande sang pour sang, et vie pour sa vie...

VI

... Mais elle fait sécher de fièvre continue
Ma vie en languissant et ne veut toutefois,
De peur d'avoir pitié de celui qu'elle tue,
Rougir de mon sang chaud l'ivoire de ses doigts...

X

    ... Que je sorte du creux
Du labyrinthe noir par le fil qui a prise
Ma chère liberté de l'or de ses cheveux,
Ou, si je perds la vie ainsi que la franchise,
    Je perde tout par eux.

    De ma douce prison,
Des amères douleurs de mes pressantes gênes,
Des doux liens de ma serve raison,
Je coupe de sanglots, parcelles de mes peines,
    Ma funèbre oraison...

XI

A l'éclair violent de ta face divine
N'étant qu'homme mortel, ta céleste beauté
Me fit goûter la mort, la mort et la ruine
Pour de nouveau venir à l'immortalité.

Ton feu divin brûla mon essence mortelle,
Ton céleste m'éprit et me ravit aux cieux.
Ton âme était divine et la mienne fut telle :
Déesse, tu me mis au rang des autres Dieux.

Ma bouche osa toucher la bouche cramoisie
Pour cueillir sans la mort l'immortelle beauté,
J'ai vécu de nectar, j'ai sucé l'ambroisie,
Savourant le plus doux de la divinité.

Aux yeux des Dieux jaloux, remplis de frénésie,
J'ai des autels fumants connu les autres Dieux,
Et pour moi, Dieu secret, rougit la Jalousie
Quand un astre inconnu a déguisé les Cieux.

Même un Dieu contrefait, refusé de la bouche,
Venge à coups de marteau son impuissant courroux,
Tandis que j'ai cueilli le baiser et la couche,
Et le cinquième fruit du nectar le plus doux.

Ces humains aveuglés envieux me font guerre,
Dressant contre le ciel l'échelle ils ont monté.
Mais de mon Paradis je méprise leur terre,
Et le ciel ne m'est rien au prix de ta beauté.

XIX

Quiconque sur les os des tombeaux effroyables
Verra le triste amant, les restes misérables
D'un cœur séché d'amour et l'immobile corps
Qui par son âme morte est mis entre les morts,

Qu'il déplore le sort d'une âme à soi contraire,
Qui pour un autre corps à son corps adversaire
Me laisse exanimé sans vie et sans mourir,
Me fait aux noirs tombeaux après elle courir.

166

Démons qui fréquentez des sépulcres la lame,
Aidez-moi, dites-moi nouvelles de mon âme,
Ou montrez-moi les os qu'elle suit adorant
De la morte amitié qui n'est morte en mourant.

Diane, où sont les traits de cette belle face ?
Pourquoi mon œil ne voit, comme il voyait, ta grâce,
Ou pourquoi l'œil de l'âme, et plus vif et plus fort,
Te voit et n'a voulu se mourir en ta mort ?

Elle n'est plus ici, ô mon âme aveuglée,
Le corps vola au ciel quand l'âme y est allée :
Mon cœur, mon sang, mes yeux verraient entre les
                                                    [morts
Son cœur, son sang, ses yeux si c'était là son corps.

Si tu brûles à jamais d'une éternelle flamme,
A jamais je serai un corps sans toi, mon âme,
Les tombeaux me verront, effrayés de mes cris,
Compagnon amoureux des amoureux esprits.

                          XX

... J'étais plongé en l'océan d'aimer,
    Je me noyais au fleuve Achérontide,
    J'épans aux bords ma robe toute humide
    Et sacrifie au grand Dieu de la mer...

                      SONNETS

                          VI

        L'Amour voudrait à son plaisir
        Ces chevaliers dont les pensées

Du gré de leur astre pressées
N'ont désir qu'être sans désir,

N'ont autre choix que ne choisir
Et sans entreprises dressées
Sentent qu'Amour leur a dressées
Ces peines par trop de loisir.

Celui déguise sa parure
Qui est déguisé de nature ;
Qui d'un masque veut tromper l'œil

Peut aussi masquer son courage.
Heureux qui comme le visage
Peut montrer le cœur au soleil !

VII

... Je ferai par ma mort et par ma vie heureuse
Mon corps conjoint au sien et la mort ténébreuse,
Mon âme avec la sienne unie au firmament.

Les tragiques

MISÈRES

PRÉLUDE

... Astres, secourez-moi ; ces chemins enlacés
Sont par l'antiquité des siècles effacés,
Si bien que l'herbe verte en ses sentiers accrue

Est faite une prairie épaisse, haute et drue.
Là où étaient les feux des Prophètes plus vieux,
Je tends comme je puis le cordeau de mes yeux,
Puis je cours au matin, de ma jambe arrosée
J'éparpille à côté la première rosée,
Ne laissant après moi trace à mes successeurs
Que les reins tout ployés des inutiles fleurs,
Fleurs qui tombent sitôt qu'un vrai soleil les touche,
Ou que Dieu fanera par le vent de sa bouche...

... Je n'écris plus les feux d'un amour inconnu...

... Ces ruisselets d'argent que les Grecs nous peignaient,
  Où leurs poètes vains buvaient et se baignaient,
  Ne coulent plus ici...

CATHERINE DE MÉDICIS

... Plût à Dieu, Jézabel, que tu eus à Florence
  Laissé tes trahisons en laissant ton pays,
  Que tu n'eusses les grands des deux côtés trahis
  Pour régner au milieu, et que ton entreprise
  N'eût ruiné le noble, et le peuple et l'Église :
  Cinq cent mille soldats n'eussent crevé, poudreux,
  Sur le champ maternel, et ne fût avec eux
  La noblesse faillie et la force faillie
  De France, que tu as fait gibier d'Italie !...

A DIEU

Veux-tu longtemps laisser, en cette terre ronde,
Régner ton ennemi ? n'es-tu seigneur du monde,
Toi, Seigneur, qui abats, qui blesses, qui guéris,
Qui donne vie et mort, qui tue et qui nourris ?

Les princes n'ont point d'yeux pour voir ces grands
                                    [merveilles ;

Quand tu voudras tonner, n'auront-ils point d'oreilles ?
Leurs mains ne servent plus qu'à nous persécuter,
Ils ont tout pour Satan, et rien pour te porter.

Si, on ne reçoit d'eux que refus et rudesses ;
Mais Babel les rançonne et pille leurs richesses ;
Tels sont les monts cornus, qui, avaricieux,
Montrent l'or aux enfers et les neiges aux cieux.

Les temples du païen, du Turc, de l'idolâtre,
Haussent au ciel l'orgueil du marbre et de l'albâtre.
Et Dieu seul, au désert pauvrement hébergé,
A bâti tout le monde, et n'y est pas logé !

Les moineaux ont leurs nids, leurs nids les hirondelles ;
On dresse quelque fuie aux simples colombelles ;
Tout est mis à l'abri par les soins des mortels,
Et Dieu, seul immortel, n'a logis ni autels.

Tu as tout l'univers où ta gloire on contemple,
Pour marchepied la terre, et le ciel pour un temple !
Où te chassera l'homme, ô Dieu victorieux ?
Tu possèdes le ciel et les cieux des hauts cieux.

Nous faisons des rochers les lieux où l'on te prêche,
Un temple de l'étable, un autel de la crèche ; —
Eux du temple une étable aux ânes arrogants,
De la sainte maison la caverne aux brigands.

Les premiers des chrétiens priaient aux cimetières ;
Nous avons fait ouïr aux tombeaux nos prières,
Fait sonner aux tombeaux le nom de Dieu le fort
Et annoncé la vie aux logis de la mort.

Tu veux faire conter ta louange à la pierre.
Mais n'as-tu pas toujours ton marchepied en terre ?
Ne veux-tu plus avoir d'autres temples sacrés
Qu'un blanchissant amas d'os de morts asserrés ?

Les morts te loueront-ils ? Tes faits grands et terribles
Sortiront-ils du creux de ces bouches horribles ?
N'aurons-nous entre nous que visages terreux
Murmurant ta louange au secret de nos creux ?

En ces lieux caverneux tes chères assemblées
Des ombres de la mort incessamment troublées,
Ne feront-elles plus résonner tes saints lieux,
Et ton renom voler des terres dans les cieux ?...

... Ne partiront jamais du trône où tu te sieds
Et la Mort et l'Enfer qui dorment à tes pieds ?...

LA CHAMBRE DORÉE

ÉLISABETH D'ANGLETERRE

... La mer avec les vents, l'air haut, moyen et bas,
Et le ciel, partisans liés à tes combats,
Les foudres et les feux choquent pour ta victoire,
Quand les tonnerres sont trompettes de ta gloire...

LES FERS

LA SAINT-BARTHÉLEMY

... Guerre sans ennemi, où l'on ne trouve à fendre
Cuirasse que la peau ou la chemise tendre...
... Comme le sang des faons rouille la dent du piège

Ces lits, pièges fumants, non pas lits, mais tombeaux
Où l'amour et la mort troquèrent de flambeaux...

VENGEANCES

INVOCATION

... Encor faut-il, Seigneur, ô Seigneur qui donnas
Un courage sans peur à la peur de Jonas,
Que le doigt qui émut cet endormi prophète
Réveille en moi le bien qu'à demi je souhaite...
... Tant de fois, j'ai suivi la mort que j'ai fuie,
J'ai fait un trou en terre et caché le talent,
J'ai senti l'aiguillon, le remords violent
De mon âme blessée, et ouï la sentence
Que dans moi, contre moi chantait ma conscience.
Mon cœur voulait veiller, je l'avais endormi ;
Mon esprit de ce siècle était bien ennemi,
Mais au lieu d'aller faire au combat son office,
Satan le détournait au grand chemin du vice :
Je m'enfuyais de Dieu, mais il enfla la mer,
M'abîma plusieurs fois sans du tout m'abîmer :
J'ai vu des creux enfers la caverne profonde,
J'ai été balancé des orages du monde.
Au tourbillon venteux des guerres et des cours,
Insolent, j'ai usé ma jeunesse et mes jours...,

CAÏN

... L'enfer n'eut point de mort à punir cette offense ;
Mais autant que de jours il vécut de trépas.
Vif, il ne vécut point. Mort, il ne mourut pas.

Il fuit, d'effroi transi, troublé, tremblant et blême,
Il fuit de tout le monde, il s'enfuit de soi-même.
Les lieux plus assurés lui étaient des hasards,
Les feuilles, les rameaux et les fleurs des poignards,
Les plumes de son lit des aiguilles piquantes,
Ses habits plus aisés des tenailles serrantes,
Son eau jus de ciguë, et son pain des poisons.
Ses mains le menaçaient de fines trahisons.
Tout image de mort. Et le pis de sa rage,
C'est qu'il cherche la mort et n'en voit que l'image.
De quelque autre Caïn il craignait la fureur.
Il fut sans compagnon et non pas sans frayeur.
Il possédait le monde, et non une assurance.
Il était seul partout, hors en sa conscience,
Et fut marqué au front, afin qu'en s'enfuyant
Aucun n'osât tuer ses maux en le tuant...

INVOCATION

... Venez, célestes feux, courez, feux éternels,
Volez ; ceux de Sodome oncques ne furent tels...
... Empuantissez l'air de vengeances célestes,
De poisons, de venins et de volantes pestes.
Soleil, baille ton char aux jeunes Phaétons ;
N'anime rien çà-bas, si ce n'est des Pythons ;
Vent, ne purge plus l'air ; brise, renverse, écrase,
Noie au lieu d'arroser, sans échauffer, embrase.
Nos péchés sont au comble, et jusqu'au ciel montés,
Par-dessus le boisseau, versent de tous côtés.
Terre, qui sur ton dos porte à peine nos peines,
Change en cendre et en os tant de fertiles plaines,
En bourbe nos gazons, nos plaisirs en horreurs,
En soufre nos guérets, en charogne nos fleurs.
Déluges, retournez, vous pourrez par votre onde
Noyer, non pas laver, les ordures du monde...

... Mettre ta ville en cendres, et puis la cendre au vent...

... Venez donc, pauvreté, faim, fuites et blessures,
Bannissements, prison, proscriptions, injures ;
Vienne l'heureuse mort, gage pour tout jamais
De la fin de la guerre et de la douce paix...

JUGEMENT

AUX ROIS

... Vermisseaux impuissants, vous m'avez fait la guerre,
Vos mains ont châtié la famille de Dieu,
O verges de mon peuple ! et vous irez au feu...

PARIS

... Cités ivres de sang et de sang altérées,
Qui avez soif de sang et de sang enivrées,
Vous sentirez de Dieu l'épouvantable main.
Vos terres seront fer, et votre ciel d'airain,
Ciel qui au lieu de pluie envoie sang et poudre,
Terre, de qui les blés n'attendent que la foudre ;
Vous ne semez que vent en stériles sillons,
Vous n'y moissonnerez que volants tourbillons,
Qui à vos yeux pleurants, folle et vaine canaille,
Feront pirouetter les épis et la paille...

LA RÉSURRECTION DES MORTS

... Réjouissez-vous donc, ô vous, âmes célestes,
Car vous vous referez de vos piteuses restes.
Réjouissez-vous donc, corps guéris du mépris ;

Heureux, vous reprendrez vos plus heureux esprits.
Vous voulûtes, esprits, et le ciel et l'air fendre
Pour aux corps préparés du haut du ciel descendre ;
Vous les cherchâtes lors, ore ils vous chercheront ;
Ces corps par vous aimés encor vous aimeront...

... Mais quoi ! c'est trop chanté, il faut tourner les yeux,
Éblouis de rayons, dans le chemin des cieux.
C'est fait : Dieu veut régner. De toute prophétie
Se voit la période à ce point accomplie.
La terre ouvre son sein ; du ventre des tombeaux
Naissent des enterrés les visages nouveaux ;
Du pré, des bois, du champ, presque de toutes places
Sortent les corps nouveaux et les nouvelles faces...

... Comme un nageur venant du profond de son plonge
Tous sortent de la mort, comme l'on sort d'un songe...

... Ils sont lavés de blanc, et vêtus de pardon...

... Les tyrans abattus, pâles et criminels,
Changent leurs vains honneurs aux tourments éternels...

... Voici le grand héraut d'une étrange nouvelle,
Le messager de mort, mais de mort éternelle.
Qui se cache ? qui fuit devant les yeux de Dieu ?
Vous, Caïns fugitifs, où trouverez-vous lieu ?
Quand vous auriez les vents collés sous vos aisselles,
Ou quand l'aube du jour vous prêterait ses ailes,
Les monts vous ouvriraient le plus profond rocher,
Quand la nuit tâcherait en sa nuit vous cacher,
Vous enceindre la mer, vous enlever la nue,
Vous ne fuiriez de Dieu ni le doigt, ni la vue...

LES ÉLUS

... La voix des saints unie avec celles des anges,
Les orbes de neuf cieux, des trompettes le bruit,
Tiennent tous leur partie à l'hymne qui se suit :

« Saint, saint, saint, le Seigneur ! O grand Dieu des
[armées,
De ces beaux cieux nouveaux les voûtes enflammées
Et la nouvelle terre, et la neuve cité,
Jérusalem la sainte, annoncent ta bonté.
Tout est plein de ton nom. Sion la bienheureuse
N'a pierre dans ses murs qui ne soit précieuse,
Ni citoyen que saint, et n'aura pour jamais
Que victoire, qu'honneur, que victoire, que paix.

« Là nous n'avons besoin de parure nouvelle,
Car nous sommes vêtus de splendeur éternelle ;
Nul de nous ne craint plus ni la soif ni la faim,
Nous avons l'eau de grâce et des anges le pain ;
La pâle mort ne peut accourcir cette vie,
Plus n'y a d'ignorance et plus de maladie,
Plus ne faut de soleil ; car la grâce de Dieu
Est le soleil unique et l'astre de ce lieu.
Le moins luisant de nous est un astre de grâce,
Le moindre a pour deux yeux deux soleils à la face ;
L'Éternel nous prononce et crée de sa voix
Rois, nous donnant encor plus haut que nom de rois.

... Tous nos parfaits amours réduits en un amour,
Comme nos plus beaux jours réduits en un beau jour...

... le Grec qui jadis s'est vanté
D'avoir ouï les cieux, sur l'Olympe monté,
Serait ravi plus haut quand cieux, orbes et pôles
Servent aux voix des saints de luths et de violes...

... Au visage de Dieu seront nos saints plaisirs,
Dans le sein d'Abraham fleuriront nos désirs,
Désirs, parfaits amours, hauts désirs sans absence,
Car les fruits et les fleurs n'y font qu'une naissance.
Chétif je ne puis plus approcher de mon œil
L'œil du ciel ; je ne puis supporter le soleil.

Encor tout ébloui en raison je me fonde
Pour de mon âme voir la grande âme du monde,
Savoir ce qu'on ne sait et qu'on ne peut savoir,
Ce que n'a ouï l'oreille et que l'œil n'a pu voir :
Mes sens n'ont plus de sens, l'esprit de moi s'envole,
Le cœur ravi se tait, ma bouche est sans parole :
Tout meurt, l'âme s'enfuit, et reprenant son lieu,
Extatique, se pâme au giron de son Dieu.

POÉSIES RELIGIEUSES
ET VERS MESURÉS

L'HIVER

Mes volages humeurs, plus stériles que belles,
S'en vont, et je leurs dis : vous sentez, hirondelles,
S'éloigner la chaleur et le froid arriver,
Allez nicher ailleurs, pour ne fâcher, impures,
Ma couche de babil, et ma table d'ordures :
Laissez dormir en paix la nuit de mon hiver.

D'un seul point le soleil n'éloigne l'hémisphère,
Il jette moins d'ardeur, mais autant de lumière.
Je change sans regrets lorsque je me repens
Des frivoles amours et de leur artifice.
J'aime l'hiver, qui vient purger mon cœur de vice,
Comme de peste l'air, la terre de serpents.

Mon chef blanchit dessous les neiges entassées,
Le soleil qui me luit les échauffe glacées,
Mais ne peut les dissoudre au plus court de ces mois.
Fondez, neiges, venez dessus mon cœur descendre,
Qu'encores il ne puisse allumer de sa cendre
Du brasier, comme il fit des flammes autrefois.

Mais quoi, serai-je éteint devant ma vie éteinte ?
Ne luira plus en moi la flamme vive et sainte,
Le zèle flamboyant de la sainte maison ?
Je fais aux saints autels holocauste des restes,
De glace aux feux impurs, et de naphte aux célestes,
Clair et sacré flambeau, non funèbre tison.

Voici moins de plaisirs, mais voici moins de peines :
Le rossignol se tait, se taisent les sirènes ;
Nous ne voyons cueillir ni les fruits, ni les fleurs ;
L'espérance n'est plus bien souvent trompveresse,
L'hiver jouit de tout, bienheureuse vieillesse,
La saison de l'usage et non plus des labeurs.

Mais la mort n'est pas loin : cette mort est suivie
D'un vivre sans mourir, fin d'une fausse vie :
Vie de notre vie, et mort de notre mort.
Qui hait la sûreté pour aimer le naufrage ?
Qui a jamais été si friand de voyage,
Que la longueur en soit plus douce que le port ?

PRIÈRE DU SOIR

Dans l'épais des ombres funèbres,
Parmi l'obscure nuit, image de la mort,
Astre de nos esprits, sois l'étoile du Nord,
Flambeau de nos ténèbres.

Délivre-nous des vains mensonges,
Et des illusions des faibles en la foi :
Que le corps dorme en paix, que l'esprit veille à toi,
Pour ne veiller à songes.

Le cœur repose en patience ;
Dorme la froide crainte et le pressant ennui !
Si l'œil est clos en paix, soit clos ainsi que lui
L'œil de la conscience.

Ne souffre pas en nos poitrines
Les sursauts des méchants sommeillant en frayeur,
Qui sont couverts de plomb, et se courbent en peur,
        Sur un chevet d'épines.

        A ceux qui chantent tes louanges,
Ton visage est leur ciel, leur chevet ton giron ;
Abrités de tes mains, les rideaux d'environ
        Sont le camp de tes anges.

PRIÈRE

Je porte dans le ciel mes yeux et mes désirs,
Joignant, comme les mains, le cœur à ma requête ;
Je ploie mes genoux, atterrant mes plaisirs ;
Je te découvre, ô Dieu, mes péchés et ma tête.

Mes yeux de mes désirs corrupteurs ont cherché
L'horreur, mes mains le sang, et mon cœur les
                                    [vengeances :
Mes genoux ont ployé au piège de péché
Et ma tête a bien moins de péchés que d'offenses.

Si je me déguisais, tes clairs yeux sont en moi,
Ces yeux qui percent tout et défont toutes ruses :
Qui pourrait s'excuser, accusé par son roi ?
Je m'accuserai donc, afin que tu m'excuses...

... Père plein de douceur, comme aussi juste roi,
Qui de grâce et de loi tiens en main les balances,
Comment pourrai-je faire une paix avec toi,
Qui ne puis seulement faire trêve aux offenses ?...

... Exauce-moi du ciel, seul fort, bon, sage et beau,
Qui donne au jour le clair et le chaud à la flamme,
L'être à tout ce qui est, au soleil son flambeau,
Moteur du grand mobile, et âme de toute âme.

Tu le feras, mon Dieu, mon espoir est certain,
Puisque tu l'as donné pour arrhes et pour avance,
Et ta main bienfaisante est cette seule main
Qui parfait sans faiblir l'œuvre qu'elle commence.

PSAUME HUITANTE HUIT

Sauveur Éternel, nuit et jour devant toi
Mes soupirs s'en vont relevés de leur foi.
Sus, soupirs, montez de ce creux et bas lieu
      Jusques à mon Dieu !

Au milieu des vifs demi-mort je transis.
Au milieu des morts demi-vif je languis.
C'est mourir sans mort et ne rien avancer,
      Qu'ainsi balancer.

Dans le ventre obscur du malheur resserré,
Ainsi qu'au tombeau je me sens atterré,
Sans amis, sans jour qui me luise et sans voir
      L'aube de l'espoir.

Qui se souviendra de louer ta grandeur
Dans le profond creux d'oubliance et d'horreur ?
Pourrait aux Enfers ténébreux ta bonté
      Rendre sa clarté.

Quand le jour s'enfuit, le serein brunissant,
Quand la nuit s'en va, le matin renaissant,
Au silence obscur, à l'éclair des hauts jours,
      J'invoque toujours.

Mais voulant chanter je ne rends que sanglots,
En joignant les mains je ne joins que des os :
Il ne sort nul feu, nulle humeur de mes yeux
      Pour lever aux Cieux.

Veux-tu donc, ô Dieu, que mon ombre sans corps
Serve pour chanter ton ire entre les morts,
Et que ton grand Nom vénérable et tant beau
        Sorte du tombeau ?

Ou que les vieux tests à la fosse rangés
Soient rejoints des nerfs que la mort a rongés,
Pour crier tes coups, et glacer de leurs cris
        Nos faibles esprits ?

N'est-ce plus au Ciel que triomphent tes faits ?
N'as-tu plus d'autels que sépulcres infects ?
Donc ne faut-il plus d'holocaustes chauffer
        Temples que l'Enfer ?

Mes amis s'en sont devenus mes bourreaux,
Tel flattait mes biens qui se rit de mes maux,
Mon lit est un cep, ce qui fut ma maison
        M'est une prison.

Si jadis forclos de ton œil, le berceau
Dur me fut, moins dur me sera le tombeau.
Or coulez, mes jours orageux, et mes nuits
        Fertiles d'ennuis.

Pour jamais as-tu ravi d'entre mes bras
Ma moitié, mon tout et ma compagne ? hélas !
Las ! ce dur penser de regrets va tranchant
        Mon cœur et mon chant.

PSAUME SEPTANTE TROIS

... Bien vite précipités, ils s'en vont transis et perdus,
Parmi l'air évanouis, ainsi qu'un songe qui n'est rien
Lorsque l'on est réveillé...

... Autre que Dieu ne me peut montrer un passage bien
[sûr.
En toi se trouvera mon roc, mon plaisir et mon but...

PSAUME CENT DIXIÈME

... L'Éternel de sa voix a dit à mon Seigneur, à droite sois
[mis,
Tant que dessous tes pieds tu voies tes ennemis.
Il fera hors de Sion marcher la bande et battre aux
[champs,
Tant que le maître tu sois des odieux et méchants...

Du Bartas

LA CRÉATION
La première semaine.

Toi qui guides le cours du Ciel porte-flambeaux,
Qui, vrai Neptune, tiens le moite frein des eaux,
Qui fais trembler la terre, et de qui la parole
Serre et lâche la bride aux Postillons d'Eole,
Élève à toi mon âme, épure mes esprits,
Et d'un docte artifice enrichis mes écrits.
O Père donne-moi, que d'une voix faconde
Je chante à nos neveux la naissance du monde,
O Grand Dieu donne-moi que j'étale en mes vers
Les plus rares beautés de ce grand univers :
Donne-moi qu'en son front ta puissance je lise :
Et qu'enseignant autrui moi-même je m'instruise...

... Sacrés Tuteurs des Saints, Archers de notre garde,
Assesseurs, Postillons, Hérauts de cil qui darde
L'orage sur le dos des rocs audacieux :
O communs Truchements de la terre et des cieux,
Je suivrai plus longtemps votre vite plumage...

Premier jour.

... O Roi des champs flottants, ô Roi des champs herbeux !
Qui du vent de ta bouche ébranles, quand tu veux,
Le fondement des monts, et les vagues salées
Pousses contre l'azur des voûtes étoilées,
Fais que, docte Arpenteur, je borne justement
Dans le cours de ce jour l'un et l'autre élément.
Fais que d'un vers disert je chante la nature
Du liquide Océan, et de la Terre dure...

... O Dieu ! soit que mon pied foule l'herbe des prés,
Qu'il grimpe sur les monts, ou qu'il brosse aux forêts,
Il te trouve partout : tout veut de toi dépendre :
Tu ne fais que donner, et je ne fais que prendre...

... Je te salue, ô Terre, ô Terre porte-grains,
Porte-or, porte-santé, porte-habits, porte-humains,
Porte-fruits, porte-tours, ronde, belle, immobile,
Patiente, diverse, odorante, fertile,
Vêtue d'un manteau tout damassé de fleurs,
Passementé de flots, bigarré de couleur.
Je te salue, ô Sœur, Mère, Nourrice, Hôtesse
Du Roi des Animaux. Tout, ô grande Princesse,
Tout ce Tout vit pour toi. Tant de Cieux tournoyants,
Portent pour t'éclairer tant d'astres flamboyants :
Le feu, pour t'échauffer, sur les flottantes nues
Tient ses pures ardeurs en arcade étendues.
L'air pour te rafraîchir se plaît d'être secous,
Or d'un âpre Borée, or d'un Zéphyre doux.
L'eau pour te détremper, de mers, fleuves, fontaines
Entrelace ton corps tout ainsi que de veines...

Troisième jour.

... Phébé mère des mois, Phébus père des ans,
Ah ! vous me cachez donc vos visages luisants ?
Quoi, vous ne voulez pas me montrer vos Étoiles,
Qu'à travers l'épaisseur de deux funèbres voiles ?
Otez-moi ces bandeaux ; dépouillez-moi ce deuil :

Tout tels qu'êtes au ciel montrez-vous à mon œil,
Et par l'éternel vol de ma Muse emplumée
Votre gloire sera par moi si loin semée,
Que loin loin vous courez pour conduire à leur tour
Le jour après la nuit, la nuit après le jour.
Postillon, qui jamais ne voit fin à ta course,
Fontaine de chaleur, de clarté vive source,
Flambeau de l'univers, vie de tout ce Tout,
Ornement des clairs Cieux, ah, dis-moi par quel bout
Je dois prendre ton los ? Je semble cil qui nombre
Les cailles, qui couvrant la mer Itale d'ombre,
Pour vivre sous un Ciel plus fécond et plus doux,
Viennent par escadrons passer l'été chez nous.
Tandis qu'il est après à compter une bande,
Une autre, une autre encor, une autre encor plus
[grande
Se présente à ses yeux : si qu'essaim sur essaim
Lui trouble la mémoire, et rompt tout son dessein...

Quatrième jour.

URANIE

... Vous qui tant désirez vos fronts de lauriers ceindre,
   Où pourriez-vous trouver un champ plus spacieux,
   Que le los de celui qui tient le frein des cieux,
   Qui fait trembler les monts, qui fait l'Érèbe craindre ?

   Ce sujet est de vrai la corne d'abondance,
   C'est un grand magasin riche en discours faconds :
   C'est un grand Océan, qui n'a rive ni fonds :
   Un surjon immortel de divine éloquence...

... Vierges sont les neufs Sœurs, qui dansent au Par-
[nasse :
Vierge votre Pallas, et Vierge ce beau corps,
Qu'un fleuve vit changer sur les humides bords
En l'arbre toujours vert qui vos cheveux enlace...

... Que Christ comme Homme-Dieu soit la croupe jumelle
Sur qui vous sommeillez, que pour Cheval ailé
L'Esprit du Trois-fois-grand d'un blanc pigeon voilé
Vous fasse ruisseler une source immortelle...

... Depuis ce seul Amour dans mes veines bouillonne :
Depuis ce seul vent souffle aux toiles de ma nef.
Bien heureux si je puis, non poser sur mon chef,
Ains du doigt seulement toucher cette couronne...

Garnier

PORCIE

... O terre ! ô ciel ! ô mer ! ô planètes luisantes !
O soleil éternel en courses rayonnantes !
O reine de la nuit, Hécate aux noirs chevaux !
O de l'air embruni les lumineux flambeaux !
Si vous avez pouvoir dessus nos destinées,
Si nos fatalités sont par vous ordonnées,
Que des félicités et des cuisants malheurs
Que nous avons ici vous soyiez les auteurs,
Influez dessus moi tant de mortels désastres
Qu'il ne se trouve plus d'infortunes aux astres,
Et chétivez si bien mon esprit langoureux,
Qu'il ne conçoive rien qui ne soit malheureux...

Acte IV, Scène I.

HIPPOLYTE

PHÈDRE

O reine de la mer, Crète, mère des Dieux,
Qui as reçu naissant le grand moteur des cieux,

187

O la plus orgueilleuse et plus noble des îles,
Qui as le front orné de cent fameuses villes,
Demeure de Saturne, où les rivages torts,
Remparés de rochers, s'ouvrent en mille ports,
En mille braves ports, qui caressés de l'onde
Reçoivent des vaisseaux de toutes parts du monde,
Pourquoi, mon cher séjour, mon cher séjour, pourquoi
M'as-tu de toi bannie en éternel émoi ?
Las ! pourquoi, ma patrie, as-tu voulu, cruelle,
Me faire choir aux mains d'un amant infidèle,
D'un époux déloyal, qui, parjurant sa foi,
Adultère sans cesse et ne fait cas de moi,
Me laisse désolée, hélas, hélas, me laisse
Sur ce bord étranger languissant de tristesse ?
O dieux, qui de là-haut voyez comme je suis,
Qui voyez mes douleurs, qui voyez mes ennuis,
Dieux qui voyez mon mal, dieux qui voyez mes peines,
Dieux qui voyez sécher mon sang dedans mes veines,
Et mon esprit rongé d'un éternel émoi,
Bons dieux, grands dieux du ciel, prenez pitié de moi !
Ouvrez, je vous supply, les prisons à mon âme,
Et mon corps renversez dessous la froide lame,
Pour finir mes langueurs qui recroîtront toujours
Sans jamais prendre fin qu'en finissant mes jours...

Acte II, Scène I.

HIPPOLYTE

... Le songe ne doit pas être cause d'ennui
Tant faible est son pouvoir quand il n'y a que lui.
Ce n'est qu'un vain semblant, qu'un fantôme, une
[image
Qui nous trompe en dormant, et non pas un présage.
Depuis quatre ou cinq nuits le hibou n'a jamais
Cessé de lamenter en haut de ce palais,
Et mes chiens aussitôt qu'ils sont en leurs étables
Comme loups par les bois hurlent épouvantables.
Les tours de ce château noircissent de corbeaux

Jour et nuit aperchés, sépulcraliers oiseaux,
Et n'en veulent partir, ores qu'on les déchasse...

Acte I, Scène I.

PHÈDRE

Quand romprez-vous le fil de mes heures fatales ?
Quand m'aurez-vous filée, ô Vierges infernales ?
Que tarde tant la mort, que d'un coup bienheureux
Elle ne jette hors mon esprit langoureux ?
Que fais-je plus au monde ? et de quoi la lumière
De notre beau soleil sert plus à ma paupière ?...
... O beau visage aimé, ma douloureuse peine !
O comble de mon heur, douce face sereine !...
... O beau corps composé d'une taille céleste,
Semblable au corps d'un dieu de maintien et de geste,
Je meurs de vous trop voir ! je meurs, hélas, je meurs
De vous voir, ô beautés, semences de mes pleurs !...
... Ah Phèdre ! ah, pauvre Phèdre ! où as-tu mis ton cœur ?
Tu ne dois espérer le tirer de langueur.
Tu brûles follement en une beauté digne
Non pas de ton amour, mais d'une amour divine ;
Tu brûles follement ; volontiers ses beaux yeux
Sont des Nymphes aimés, qui le méritent mieux...
... Où courez-vous, mon cœur ? Les dieux ont-ils fait
                                             [naître
Tant de beautés en vous pour vous faire champêtre
Citoyen des forêts ? Les forêts, mon soûci,
Sont indignes de vous, et les rochers aussi...
... Où courez-vous, mon cœur ? Mon cœur, où courez-
                                             [vous ?
Laissez les bois déserts, les villes sont pour nous ;
Cupidon y habite avec sa douce mère,
La déesse Vénus, délices de Cythère...
... O Phèdre ! ô pauvre Phèdre ! hé, qu'à la mauvaise
                                             [heure
Tu as abandonné ta natale demeure !...
... Qu'il t'eût bien mieux valu, délaissée au rivage,

189

Comme fut Ariane en une île sauvage
Ariane ta sœur, errer seule en danger...

Acte II, Scène I.

ŒNONE

... Quand la nuit tend son voile et qu'elle embrunit l'air,
Tout sent l'oublieux somme en ses membres couler ;
Le silence est partout, tout est coi par le monde,
Fors qu'en ton âme seule, où l'amour fait la ronde...

Acte III, Scène I.

PHÈDRE

J'ai misérable, j'ai la poitrine embrasée
De l'amour que je porte aux beautés de Thésée,
Telles qu'il les avait lorsque bien jeune encor
Son menton cotonnait d'une frisure d'or,
Quand il vit, étranger, la maison dédalique
De l'homme mi-taureau, notre monstre crétique...
... Sa taille belle et droite avec ce teint divin
Ressemblait, égalée, à celle d'Apollin,
A celle de Diane, et surtout à la vôtre,
Qui en rare beauté surpassez l'un et l'autre.
Si nous vous eussions vu quand votre géniteur
Vint en l'île de Crète, Ariane ma sœur
Vous eût plutôt que lui, par son fil salutaire,
Retiré des prisons du roi Minos, mon père.
Or quelque part du ciel que ton astre plaisant
Soit, ô ma chère sœur, à cette heure luisant,
Regarde par pitié moi, ta pauvre germaine,
Endurer comme toi cette amoureuse peine.
Tu as aimé le père, et pour lui tu défis
Le grand monstre de Gnide, et moi j'aime le fils.
O tourment de mon cœur, Amour, qui me consommes,
O mon bel Hippolyte, honneur des jeunes hommes,
Je viens la larme à l'œil me jeter devant vous,
Et d'amour enivrée, embrasser vos genoux,
Princesse misérable, avec constante envie

De borner à vos pieds mon amour ou ma vie :
Ayez pitié de moi...

Acte III, Scène III.

LA TROADE

CHŒUR

L'âme fut de celui méchantement hardie,
      Hardie à notre mal,
Qui vogua le premier sur la mer assourdie
      Et son flot inégal ;
Qui d'un frêle vaisseau raclant des ondes bleues
      Les larges champs moiteux,
Ne craignit d'Aquilon les haleines émues,
      Ni de l'Autan pesteux ;
Qui méprisant la mort à ses desseins compagne,
      Et prodigue de soi,
Aux moissons préféra d'une herbeuse campagne,
      Un élément sans foi,
Et d'un cours incertain, sur des nefs passagères,
      Sa terre abandonnant,
Alla, pour le profit, aux terres étrangères,
      Leurs rives moissonnant.
Quelle crainte de mort descendit dans ses moelles
      Qui le pût effrayer,
Qui sans peur vit enfler la cavité des voiles,
      Et les flots abayer ;
Qui vit les rocs battus d'écumeuses tempêtes,
      Les astres menaçants,
Et d'Épire les monts aux sourcilleuses têtes
      De foudre rugissants ;
Qui vit les Capharés et les rages de Scylle,

Qui vit Charybde auprès,
En son ventre engloutir les ondes de Sicile,
Pour les vomir après ?
Sans cause Jupiter la terre a séparée
D'une vagueuse mer,
Si les hardis mortels de l'une à l'autre orée
Font leurs vaisseaux ramer.
Qu'heureux furent jadis nos regrettables pères
En leur temps bien-heureux,
Qui de voir, nautonniers, les rives étrangères
Ne furent désireux,
Ains d'avarice francs, d'envie et de cautèles,
Les pestes de ce temps,
Paisibles labouraient les terres paternelles,
Dont ils vivaient contents.
On ne connaissait lors les humides Pléiades,
Orion, ni les feux,
Les sept feux redoutés des pleureuses Hyades,
Le Charton, ni ses bœufs.
Zéphyr et Aquilon étaient sans nom encore,
Vénus et les Jumeaux,
Astres que le nocher pâle de crainte adore,
Flambant sur ses vaisseaux.
Tiphis tenta premier la poissonneuse plaine
Avec le fils d'Éson,
Pour aller dépouiller une rive lointaine
De sa riche toison.
Puis notre beau Pâris de voiles et de rames
Fendit l'onde à son tour :
Mais au lieu de toison il apporta les flammes
D'un adultère amour.
La Grèce repassa la mer acheminée,
Apportant le brandon
Qui vient d'enflamber Troie et l'ardeur obstinée
Du feu de Cupidon.

ANTIGONE

ŒDIPE

... Je veux me séparer moi-même de mon corps.
Je me fuirai moi-même aux plutoniques bords.
Je fuirai ces deux mains, ces deux mains parricides.
Ce cœur, cet estomac, ces entrailles humides,
Horribles de forfaits. J'éloignerai les cieux,
L'air, la mer et la terre, édifice des dieux.
Puis-je encore fouler les campagnes fécondes
Que Cérès embellit de chevelures blondes ?
Puis-je respirer l'air, boire l'eau qui refuit,
Et me paître du bien que la terre produit ?
Puis-je encore, pollu des baisers d'Iocaste,
De ma dextre toucher la tienne qui est chaste ?
Puis-je entendre le son, qui le cœur me refend,
Des sacrés noms de père et de mère et d'enfant ?...
... Il faut que tout mon corps pourrisse sous la terre,
Et que mon âme triste aux noirs rivages erre,
Victime de Pluton. Que fais-je plus ici,
Qu'infecter de mon corps l'air et la terre aussi ?
Je ne voyais encor la clarté vagabonde
Du jour, et je n'étais encores en ce monde,
Les doux flancs maternels me retenaient contraint,
Qu'on me craignait déjà, que déjà j'étais craint...

Acte I, Scène I.

JOCASTE

... O mon cher Polynice, une terre étrangère
A longtemps retenu votre âme passagère !
Vous avez longuement erré par les déserts,
Par les rivages cois, par les vagueuses mers,
Fugitif, exilé, couru de la Fortune...

Acte II, Scène III.

193

CHŒUR

Tu meurs, ô race généreuse,
Tu meurs, ô thébaine cité ;
Tu ne vois que mortalité
Dans ta campagne plantureuse,
Tes beaux coteaux sont désertés ;
Tes citoyens sont écartés,
Dont les majeurs virent éclore,
Sous les enseignes de Bacchus
Les premiers rayons de l'Aurore
Éclairant les Indois vaincus.

Ils virent l'odoreux royaume
Des Arabes industrieux,
Et les coteaux délicieux
Où les bois distillent le baume...

Acte III.

ANTIGONE

... O fontaine Dircé ; o fleuve Ismène, ô prés !
O forêts, ô coteaux ! ô bords de sang pourprés !
O soleil jaunissant, lumière de ce monde !
O Thèbes, mon pays, d'hommes guerriers féconde,
Et maintenant fertile en dure cruauté,
Contrainte je vous laisse et votre royauté !
Adieu, Thèbes, adieu : l'austère maladie
De ses pâles maigreurs n'a ma face enlaidie ;
Les couteaux on ne vient dans ma gorge plonger,
Et toutefois la mort me contraint déloger...

... Que fera désormais la vieillesse éplorée
De mon père aveuglé, d'avec moi séparée ?
Que ferez-vous ? hélas ! qui vous consolera ?
Qui conduira vos pas, et qui vous nourrira ?
Ah, je sais que bientôt sortant de ma caverne,
Je vous verrai, mon père, au profond de l'Averne !

Vous ne vivrez longtemps après mon triste sort ;
Cette nouvelle ici vous hâtera la mort.
Je vous verrai, ma mère, esclandreuse Iocaste ;
Je verrai Étéocle, et le gendre d'Adraste,
Naguère dévalés sur le noir Achéron,
Et non passés encor par le nocher Caron.
Adieu, brigade aimée, adieu, chères compagnes,
Je m'en vais lamenter sous les sombres campagnes.
J'entre vive en ma tombe, où languira mon corps,
Mort et vif, éloigné des vivants et des morts...

... Voici donc ma prison, voici donc ma demeure ;
  Voici donc le sépulcre où il faut que je meure !...
... Adieu, luisant soleil, adieu, rayons ardents,
  Adieu pour tout jamais ! car dans ce pleureux antre,
  Mon suprême manoir, jamais ta clarté n'entre.
  Adieu, mon cher Hémon, vous ne me verrez plus...

Acte IV, Scène III.

LES JUIVES

CHŒUR

Nous te pleurons, lamentable cité,
Qui eut jadis tant de prospérité,
Et maintenant, pleine d'adversité,
    Gis abattue.
Las ! au besoin tu avais eu toujours
La main de Dieu levée à ton secours,
Qui maintenant de remparts et de tours
    T'a dévêtue.
Il t'a, Sion, le visage obscurci,
Voyant le roc de ton cœur endurci

195

Être imployable, et n'avoir plus souci
        De sa loi sainte.
Tu as, ingrate, oublié ton devoir ;
Tu as osé d'autres dieux recevoir,
Au lieu, Sion, que tu devais avoir
        Toujours sa crainte.
Il t'a laissée au milieu du danger,
Pour être esclave au soudard étranger,
Qui d'Assyrie est venu saccager
        Ta riche terre.
Comme l'on voit les débiles moutons
Sans le pasteur courus des loups gloutons,
Ainsi chacun, quand Dieu nous reboutons,
        Nous fait la guerre.
Mille couteaux nous ont ouvert le flanc ;
Des corps meurtris s'est fait un rouge étang ;
Dans le saint temple a découlé le sang
        De ses Prophètes.
Le Chaldéen l'a barbare pillé,
Et sans horreur d'ornement dépouillé ;
Le tabernacle il a sanglant souillé
        De mains infectes.

Acte II.

AUTRE CHŒUR

Pauvres filles de Sion,
Vos liesses sont passées ;
La commune affliction
Les a toutes effacées.

Ne luiront plus vos habits
De soie avec l'or tissue ;
La perle avec le rubis
N'y sera plus aperçue.

La chaîne qui dévalait
Sur vos gorges ivoirines

196

Jamais comme elle soulait
N'embellira vos poitrines.

Vos seins, des cèdres plorants
En mainte larme tombée
Ne seront plus odorants,
Ni des parfums de Sabée...

... L'or crêpé de vos cheveux,
Qui sur vos tempes se joue,
De mille folâtres nœuds
N'ombragera votre joue ;

Nous n'entendrons plus les sons
De la soupireuse lyre,
Qui s'accordait aux chansons
Que l'amour vous faisait dire,

Quand, les cuisantes ardeurs
Du jour s'étant retirées,
On dansait sous les tiédeurs
Des brunissantes soirées...

Las ! que tout est bien changé !
Nous n'avons plus que tristesse.
Tout plaisir s'est étrangé
De nous, et toute liesse.

Notre orgueilleuse Cité,
Qui les cités de la terre
Passait en félicité,
N'est plus qu'un monceau de pierre.

Dessous ses murs démolis,
Comme en communs cimetières,
Demeurent ensevelis
La plus grand' part de nos frères ;

197

Et nous, malheureux butin,
Allons soupirer captives,
Bien loin dessous le matin,
Sur l'Euphrate aux creuses rives,

Où confites en tourment,
Toute liberté ravie,
En pleurs et gémissement
Nous finirons notre vie.

Acte IV.

BRADAMANTE

PLAINTES DE BRADAMANTE

Et quoi, Roger, toujours languirai-je de peine ?
Sera toujours, Roger, mon espérance vaine ?
Où êtes-vous, mon cœur ? Quelle terre vous tient ?
Quelle mer, quel rivage a ce qui m'appartient ?
Entendez mes soupirs, Roger, oyez mes plaintes ;
Voyez mes yeux lavés en tant de larmes saintes.
O Roger, mon Roger, vous me cachez le jour,
Quand votre œil, mon soleil, ne luit en cette cour.
Comme un rocher privé de ses roses vermeilles,
Un pré de sa verdure, un taillis de ses feuilles,
Un ruisseau de son onde, un champ de ses épis,
Telle je suis sans vous...

... Ainsi quand vous, Roger, vous absentez de moi,
Je suis en un hiver de tristesse et d'émoi.
Retournez donc, Roger, revenez, ma lumière,
Las ! et me ramenez la saison printanière...

Acte III, Scène II.

198

CHANT ROYAL ALLÉGORIQUE
DES TROUBLES PASSÉS DE LA FRANCE

Depuis le bord indois, d'où le soleil doré
Ses cheveux jaunissants éparpille sur terre,
Jusques au pied d'Atlas, où son char demeuré
Creusement dans le sein de Neptune il enserre,
Et depuis le Tartare au séjour ennuyeux
Jusqu'au More noirci de la torche des cieux,
Il n'y eut mer jadis de meilleur navigage
Que notre mer française ores pleine de rage :
Mais aussi que le ciel n'est toujours pluvieux
La mer n'est pas toujours bouillonnante en orage.
Deux vents se sont émus sur son ventre azuré...

ÉLÉGIE A NICOLAS DE RONSARD

... Ce fut un soir, alors que la charrette claire
Du soleil redévale aux ombres d'Occident,
Que je vis, de malheur, cette belle adversaire,
Qui me blessa dès l'heure en la trop regardant.

Ce n'était chose humaine : il semblait de l'étoile
Qui perce bien matin la noirceur qui la suit :
Telle paraît l'Aurore, alors qu'elle dévoile
Le ciel encourtiné d'une dormeuse nuit...

... Je me sentis brûler, mais non pas du tout comme
Le feu brûle une poudre aussitôt qu'il l'atteint,

Car le feu que je sens peu à peu me consomme
Sans éteindre ma vie et sans qu'il soit éteint...

Ne vîtes-vous jamais retirer la marine
D'un havre océanique, et comme, à certain temps,
Sur le sable désert elle revient mutine
Et rebat les rochers de branles éclatants ?

Amour me fait ainsi ; mais il est pire encore,
Car, contre mon attente, et sans crainte de lui,
Il me surprend d'aguet, comme un pirate more,
Et, surpris, sans raison, m'enveloppe d'ennui.

Qu'avais-je à faire d'être en un nouveau service
Après avoir son joug porté si longuement ?
Faut-il qu'à tout jamais amoureux je languisse,
Et que d'un tourment j'entre en un nouveau tourment ?

Comme l'onde suit l'onde, et comme l'heure triste
Suit l'heure qui découle, et le jour suit le jour,
Ainsi mon amour suit d'une éternelle suite
Les ennuis regoûtés d'une nouvelle amour.

Mais Cupidon le dit, et ma constance ferme
Le jure saintement, que ce brasier nouveau
Vif m'ardra dans le cœur sans limite et sans terme
Jusqu'à tant que la mort m'étouffe en mon tombeau.

C'est grand'peine d'aimer, mais la dame que j'aime
Corrompt de tant de grâce et de tant de bonté
L'amertume d'amour que bien qu'il soit extrême
En douleur, si est-il du plaisir surmonté,

Comme il n'est herbe ou drogue au monde si amère,
Et le fût-elle plus que n'est encor le fiel,
Qu'à force de douceurs son goût on ne tempère
En l'aromatisant et détrempant de miel...

... Permette Amour mon maître, et les Grâces pucelles,
Que je l'aime toujours et qu'elle m'aime aussi :
Ou si m'aimer ne peut, que mes ardeurs cruelles
Ne puissent offenser son courage endurci.

Je ne souhaite point un arsacide empire ;
Les grandeurs de ce monde ardent je ne poursuis ;
Je n'abaye après l'or : le seul bien où j'aspire
Est de toujours complaire à celle à qui je suis.

ÉLÉGIE SUR LA MORT DE RONSARD

... Nous craignons de mourir, de perdre la lumière
      Du soleil radieux ;
Nous craignons de passer sur les ais d'une bière
      Le fleuve stygieux.
Nous craignons de laisser nos maisons délectables,
      Nos biens et nos honneurs,
Ces belles dignités, qui nous font vénérables,
      Remarqués des seigneurs.
Les peuples des forêts, de l'air et des rivières,
      Qui ne voient de si loin
Tombent journellement aux mortelles pantières
      Sans se gêner de soin.
Leur vie est plus heureuse et moins sujette aux peines
      Et encombres divers
Que nous souffrons chétifs, en nos âmes humaines,
      De désastres couverts.
Ores nous poind l'amour, tyran de la jeunesse,
      Ores l'avare faim
De l'or injurieux, qui fait que chacun laisse
      La vertu pour le gain.

Celui-ci se tourmente après les grandeurs vaines
        Enflé d'ambition ;
De celui-là l'envie empoisonne les veines,
        Cruelle passion.
La haine, le courroux, le dépit, la tristesse,
        L'outrageuse rancœur,
Et la tendre pitié du faible qu'on oppresse
        Nous bourrellent le cœur.
Et voilà notre vie, ô misérables hommes !
        Nous semblons être nés
Pour être, cependant qu'en ce monde nous sommes,
        Toujours infortunés.
Et encore, où le Ciel en une belle vie
        Quelques vertus enclôt,
La chagrineuse mort qui les hommes envie
        Nous la pille aussitôt.
Ainsi le vert émail d'une riante prée
        Est soudain effacé,
Ainsi l'aimable teint d'une rose pourprée
        Est aussitôt passé.
La jeunesse de l'an n'est de longue durée,
        Mais l'hiver aux doigts gourds
Et l'été embruni de la torche éthérée
        Durent presque toujours.
Mais las ! ô doux printemps, votre ferveur fanie
        Retourne en même point,
Mais quand notre jeunesse une fois est finie
        Elle ne revient point.
La vieillesse nous prend maladive et fâcheuse,
        Hôtesse de la mort,
Qui pleins de mal nous pousse en une tombe creuse
        D'où jamais on ne sort...

... Si verrez-vous le fleuve où tout le monde arrive
        Et paierez le denier
Que prend pour nous passer jusques à l'autre rive
        L'avare nautonnier.

Que ne ressemblons-nous aux vagueuses rivières
        Qui ne changent de cours ?
Ou au branle éternel des ondes marinières
        Qui reflottent toujours ?
Et n'est-ce pas pitié que ces roches pointues,
        Qui semblent dépiter
De vent, de flots, d'orage et de foudres battues,
        L'ire de Jupiter,
Vivent incessamment, incessamment demeurent
        Dans leurs membres pierreux,
Et que des hommes, tels que ce grand Ronsard,
                            [meurent
        Par un sort rigoureux ?
O Destin lamentable ! Un homme qui approche
        De la divinité
Est ravi de ce monde, et le front d'une roche
        Dure en éternité...

... Adieu, mon cher Ronsard ; l'abeille en votre tombe
        Fasse toujours son miel ;
Que le haume arabique à tout jamais y tombe,
        Et la manne du ciel.
Le laurier y verdisse avecque le lierre
        Et le myrte amoureux ;
Riche en mille boutons, de toutes parts l'enserre
        Le rosier odoreux,
  Le thym, le basilic, la franche marguerite
        Et notre lys françois,
Et cette rouge fleur, où la plainte est écrite
        Du malcontent Grégeois.
... Vous êtes donc heureux, et votre mort heureuse
        O Cygne des François ;
Ne lamentez que nous, dont la vie ennuyeuse
        Meurt le jour mille fois.
Vous errez maintenant aux campagnes d'Élise,
        A l'ombre des vergers,
Où chargent en tout temps, assurés de la bise,
        Les jaunes orangers,

Où les prés sont toujours tapissés de verdure,
        Les vignes de raisins...
... Là le cèdre gommeux odoreusement sue,
        Et l'arbre du Liban,
Et l'ambre, et Myrrhe, au lit de son père reçue
        Pleure le long de l'an...

Desportes

VILLANELLE

Rosette, pour un peu d'absence
Votre cœur vous avez changé,
Et moi, sachant votre inconstance,
Le mien autre part j'ai rangé ;
Jamais plus beauté si légère
Sur moi tant de pouvoir n'aura :
Nous verrons, volage bergère,
Qui premier s'en repentira.

Tandis qu'en pleurs je me consume,
Maudissant cet éloignement,
Vous, qui n'aimez que par coutume,
Caressiez un nouvel amant.
Jamais légère girouette
Au vent si tôt ne se vira ;
Nous verrons, bergère Rosette,
Qui premier s'en repentira.

Où sont tant de promesses saintes,
Tant de pleurs versés en partant ?
Est-il vrai que ces tristes plaintes
Sortissent d'un cœur inconstant ?
Dieux ! que vous êtes mensongère !

Maudit soit qui plus vous croira !
Nous verrons, volage bergère,
Qui premier s'en repentira.

Celui qui a gagné ma place,
Ne vous peut aimer tant que moi,
Et celle que j'aime vous passe
De beauté, d'amour, et de foi.
Gardez bien votre amitié neuve,
La mienne plus ne variera,
Et puis nous verrons à l'épreuve
Qui premier s'en repentira.

LES AMOURS D'HIPPOLYTE

LVII

Autour des corps, qu'une mort avancée
Par violence a privés du beau jour,
Les ombres vont, et font maint et maint tour,
Aimant encor leur dépouille laissée.

Au lieu cruel, où j'eus l'âme blessée
Et fus meurtri par les flèches d'Amour,
J'erre, je tourne et retourne à l'entour,
Ombre maudite, errante et déchassée.

Légers esprits, plus que moi fortunés,
Comme il vous plaît vous allez et venez
Au lieu qui clôt votre dépouille aimée.

Vous la voyez, vous la pouvez toucher,
Où las ! je crains seulement d'approcher
L'endroit qui tient ma richesse enfermée.

ICARE

Icare est chû ici, le jeune audacieux
Qui pour voler au ciel eut assez de courage :
Ici tomba son corps dégarni de plumage,
Laissant tous braves cœurs de sa chute envieux.

O bienheureux travail d'un esprit glorieux,
Qui tire si grand gain d'un si petit dommage !
O bienheureux malheur plein de tant d'avantage,
Qu'il rende le vaincu des ans victorieux !

Un chemin si nouveau n'étonna sa jeunesse,
Le pouvoir lui faillit, mais non la hardiesse :
Il eut pour le brûler des astres le plus beau ;

Il mourut poursuivant une haute aventure ;
Le ciel fut son désir, la mer sa sépulture :
Est-il plus beau dessein, et plus riche tombeau ?

Bertaut

COMPLAINTE

Ce n'est point pour moi que tu sors,
Grand Soleil, du milieu de l'onde :
Car tu ne luis point pour les morts,
Et je suis du tout mort au monde :
Vif aux ennuis tant seulement,
Et mort à tout contentement...

... Mes plaisirs s'en sont envolés
Cédant au malheur qui m'outrage :
Mes beaux jours se sont écoulés
Comme l'eau qu'enfante un orage,
Et s'écoulant ne m'ont laissé
Rien que le regret du passé.

Ah ! regret qui fais lamenter
Ma vie au cercueil enfermée,
Cesse de plus me tourmenter
Puisque ma vie est consumée ;
Ne trouble point de tes remords
La triste paix des pauvres morts !

Assez lorsque j'étais vivant
J'ai senti tes dures atteintes ;

Assez tes rigueurs éprouvant
J'ai frappé le Ciel de mes plaintes ;
Pourquoi perpétuant mon deuil
Me poursuis-tu dans le cercueil ?...

... Vois-tu pas bien qu'en ces malheurs
Qui foulent aux pieds ma constance,
Je sens d'autant plus de douleurs
Que mon âme a de souvenance,
Et, n'étant plus, suis tourmenté
Du souvenir d'avoir été ?

Hélas, les destins courroucés
Ayant ruiné mes attentes,
Tous mes contentements passés
Me font des angoisses présentes :
Et m'est maintenant douloureux
D'avoir vu mes jours bienheureux.

O ma seule gloire et mon bien
Qui n'es plus qu'un petit de poudre,
Et sans qui je ne suis plus rien
Qu'un tronc abattu par la foudre,
De quel point de félicité
Ton trépas m'a précipité !...

... Mais que peut craindre désormais,
Quelques maux dont la vie abonde,
Un cœur misérable à jamais
Qui n'a plus rien à perdre au monde,
Et qui vivant désespéré
Vit à tout malheur préparé ?

Non, non, ton trépas m'a rendu
D'espoir et de crainte délivre ;
En te perdant j'ai tout perdu,
Je ne crains plus rien que de vivre ;

Vivre encore est le seul malheur
Qui peut accroître ma douleur.

Car gémissant dessous le faix
Dont m'accable une peine extrême,
Et survivant comme je fais
A tout mon heur voire à moi-même,
Vivre m'est comme un châtiment
D'avoir vécu trop longuement.

CANTIQUE DE LA VIERGE MARIE

... C'est celle dont la foi dure éternellement,
C'est celle dont la foi n'eut jamais de pareille,
C'est celle dont la foi pour notre sauvement
Crut à la voix de l'Ange et conçut par l'oreille.

C'est l'astre lumineux qui jamais ne s'éteint,
Où comme en un miroir tout le ciel se contemple;
Le luisant tabernacle et le lieu pur et saint
Où Dieu même a voulu se consacrer un temple.

C'est le palais royal tout rempli de clarté,
Plus pur et transparent que le ciel qui l'enserre,
C'est le beau Paradis vers l'Orient planté,
Les délices du ciel et l'espoir de la terre.

C'est cette myrrhe et fleur et ce baume odorant
Qui rend de sa senteur nos âmes consolées;
C'est ce jardin reclus suavement flairant,
C'est la Rose des champs et le Lys des vallées;

C'est le rameau qui garde en tous temps sa couleur,
La branche de Jessé, la tige pure et sainte,

Qui rapporte son fruit et ne perd point sa fleur,
Qui demeure pucelle et qui se voit enceinte.

C'est l'Aube du matin qui produit le Soleil,
Tout couvert de rayons et de flammes ardentes,
L'Astre des navigants, le Phare non-pareil
Qui la nuit leur éclaire au milieu des tourmentes.

Étoile de la mer, notre seul réconfort,
Sauve-nous des rochers, du vent et du naufrage,
Aide-nous de tes vœux pour nous conduire au port,
Et nous montre ton Fils sur le bord du rivage.

Malherbe

LES LARMES DE SAINT PIERRE

... « Va, laisse-moi, dit-il, va, déloyale vie ;
Si de te retenir autrefois j'eus envie,
Et si j'ai désiré que tu fusses chez moi,
Puisque tu m'as été si mauvaise compagne,
Ton infidèle foi maintenant je dédaigne ;
Quitte-moi, je te quitte et ne veux plus de toi.

Sont-ce tes beaux desseins, mensongère et méchante,
Qu'une seconde fois ta malice m'enchante,
Et que, pour retarder une heure seulement
La nuit déjà prochaine à ta courte journée,
Je demeure en danger que l'âme, qui est née
Pour ne mourir jamais, meure éternellement ?

« Non, ne m'abuse plus d'une lâche pensée ;
Le coup encore frais de ma chute passée
Me doit avoir appris à me tenir debout,
Et savoir discerner de la trêve la guerre,
Des richesses du ciel les fanges de la terre,
Et d'un bien qui s'envole un qui n'a point de bout...

... « On voit par ta rigueur tant de blondes jeunesses,
Tant de riches grandeurs, tant d'heureuses vieillesses,

En fuyant le trépas au trépas arriver ;
Et celui qui chétif, aux misères succombe,
Sans vouloir autre bien que le bien de la tombe
N'ayant qu'un jour à vivre, il ne peut l'achever !...

... « Et moi, si de mes jours l'importune durée
Ne m'eût en vieillissant la cervelle empirée,
Ne devais-je être sage, et me ressouvenir
D'avoir vu la lumière aux aveugles rendue,
Rebailler aux muets la parole perdue,
Et faire dans les corps les âmes revenir ?...

... « Que je porte d'envie à la troupe innocente
De ceux qui, massacrés d'une main violente,
Virent dès le matin leur beau jour accourir !...

... « Ce furent de beaux lis qui, mieux que la nature
Mêlant à leur blancheur l'incarnate peinture
Que tira de leur sein le couteau criminel,
Devant que d'un hiver la tempête et l'orage
A leur teint délicat pussent faire dommage,
S'en allèrent fleurir au printemps éternel...

... « O désirable fin de leurs peines passées !
Leurs pieds, qui n'ont jamais les ordures pressées,
Un superbe plancher des étoiles se font...

... « Et quel plaisir encore, à leur courage tendre,
Voyant Dieu devant eux en ses bras les attendre,
Et pour leur faire honneur les Anges se lever !...

... « Pas adorés de moi, quand par accoutumance
Je n'aurais, comme j'ai, de vous la connaissance,
Tant de perfections vous découvrent assez :
Vous avez une odeur des parfums d'Assyrie ;
Les autres ne l'ont pas, et la terre flétrie
Est belle seulement où vous êtes passés.

« Beaux pas de ces seuls pieds que les astres connais-
[sent !...

... Tandis la nuit s'en va, ses lumières s'éteignent,
Et déjà devant lui les campagnes se peignent
Du safran que le jour apporte de la mer...

VIII
AUX OMBRES DE DAMON

L'Orne comme autrefois nous reverrait encore,
Ravis de ces pensers que le vulgaire ignore,
Égarer à l'écart nos pas et nos discours ;
Et couchés sur les fleurs comme étoiles semées,
Rendre en si doux ébats les heures consumées
     Que les soleils nous seraient courts.

Mais, ô loi rigoureuse à la race des hommes !
C'est un point arrêté, que tout ce que nous sommes,
Issus de pères rois et de pères bergers,
La Parque également sous la tombe nous serre ;
Et les mieux établis au repos de la terre
     N'y sont qu'hôtes et passagers.

Tout ce que la grandeur a de vains équipages,
D'habillements de pourpre et de suite de pages,
Quand le terme est échu, n'allonge point nos jours ;
Il faut aller tout nus où le destin commande ;
Et de toutes douleurs la douleur la plus grande
     C'est qu'il faut laisser nos amours.

Amours qui, la plupart infidèles et feintes,
Font de gloire manquer à nos cendres éteintes,

Et qui, plus que l'honneur estimant les plaisirs,
Sous le masque trompeur de leurs visages blêmes,
Acte digne du foudre, en nos obsèques mêmes
      Conçoivent de nouveaux désirs,

Elles savent assez alléguer Artémise,
Disputer du devoir et de la foi promise ;
Mais tout ce beau langage est de si peu d'effet
Qu'à peine en leur grand nombre une seule se trouve
De qui la foi survive, et qui fasse la preuve
      Que ta Carinice te fait.

Depuis que tu n'es plus, la campagne déserte
A dessous deux hivers perdu sa robe verte,
Et deux fois le printemps l'a repeinte de fleurs,
Sans que d'aucuns discours sa douleur se console,
Et que ni la raison, ni le temps, qui s'envole,
      Puisse faire tarir ses pleurs.

Le silence des nuits, l'horreur des cimetières,
De son contentement sont les seules matières ;
Tout ce qui plaît déplaît à son triste penser ;
Et si tous ses appas sont encore en sa face,
C'est que l'amour y loge, et que rien qu'elle fasse
      N'est capable de l'en chasser...

... J'ai vu maintes beautés à la cour adorées,
Qui des vœux des amants à l'envi désirées,
Aux plus audacieux ôtaient la liberté ;
Mais de les approcher d'une chose si rare,
C'est vouloir que la rose au pavot se compare,
      Et le nuage à la clarté...

... La femme est une mer aux naufrages fatale ;
Rien ne peut aplanir son humeur inégale ;
Ses flammes aujourd'hui seront glaces demain ;
Et s'il s'en rencontre une à qui cela n'advienne,
Fais compte, cher esprit, qu'elle a, comme la tienne,
      Quelque chose de plus qu'humain.

PRIÈRE POUR LE ROI
HENRI LE GRAND
ALLANT EN LIMOUSIN

... Nous sommes sous un Roi si vaillant et si sage,
Et qui si dignement a fait l'apprentissage
De toutes les vertus propres à commander,
Qu'il semble que cet heur nous impose silence,
Et qu'assurés par lui de toute violence,
Nous n'avons plus sujet de te rien demander...

... Mais quoi ! De quelque soin qu'incessamment il veille,
Quelque gloire qu'il ait à nulle autre pareille,
Et quelque excès d'amour qu'il porte à notre bien,
Comme échapperons-nous, en des nuits si profondes,
Parmi tant de rochers que lui cachent les ondes,
Si ton entendement ne gouverne le sien ?

Un malheur inconnu glisse parmi les hommes,
Qui les rend ennemis du repos où nous sommes ;
La plupart de leurs vœux tendent au changement...

... Conforme donc, Seigneur, ta grâce à nos pensées ;
Otes-nous ces objets qui des choses passées
Raniment à nos yeux le triste souvenir ;
Et comme sa valeur, maîtresse de l'orage,
A nous donner la paix a montré son courage,
Fais luire sa prudence à nous l'entretenir.

Il n'a point son espoir au nombre des armées,
Étant bien assuré que ces vaines fumées
N'ajoutent que de l'ombre à nos obscurités.
L'aide qu'il veut avoir, c'est que tu le conseilles ;

Si tu le fais, Seigneur, il fera des merveilles,
Et vaincra nos souhaits par nos prospérités...

... La rigueur de ses lois, après tant de licence,
Redonnera le cœur à la faible innocence,
Que dedans la misère on faisait envieillir,
A ceux qui l'oppressaient il ôtera l'audace ;
Et sans distinction de richesse ou de race,
Tous, de peur de la peine, auront peur de faillir.

La terreur de son nom rendra les villes fortes ;
On n'en gardera plus ni les murs, ni les portes,
Les veilles cesseront au sommet de nos tours ;
Le fer, mieux employé, cultivera la terre,
Et le peuple, qui tremble aux fureurs de la guerre,
Si ce n'est pour danser, n'orra plus de tambours.

Loin des mœurs de son siècle il bannira les vices,
L'oisive nonchalance et les molles délices,
Qui nous avaient portés jusqu'aux derniers hasards ;
Les vertus reviendront, de palmes couronnées,
Et ses justes faveurs, aux mérites données,
Feront ressusciter l'excellence des arts.

La foi de ses aïeux, ton amour et ta crainte,
Dont il porte dans l'âme une éternelle empreinte,
D'actes de piété ne pourront l'assouvir ;
Il étendra ta gloire autant que sa puissance,
Et n'ayant rien si cher que ton obéissance,
Où tu le fais régner, il te fera servir.

Tu nous rendras alors nos douces destinées ;
Nous ne reverrons plus ces fâcheuses années
Qui pour les plus heureux n'ont produit que des pleurs.
Toute sorte de biens comblera nos familles,
La moisson de nos champs lassera les faucilles,
Et les fruits passeront la promesse des fleurs...

... Cependant son Dauphin, d'une vitesse prompte,
Des ans de sa jeunesse accomplira le compte,
Et suivant de l'honneur les aimables appâts,
De faits si renommés ourdira son histoire
Que ceux qui dedans l'ombre éternellement noire
Ignorent le soleil ne l'ignoreront pas.

Par sa fatale main, qui vengera nos pertes,
L'Espagne pleurera ses provinces désertes,
Ses châteaux abattus et ses champs déconfits ;
Et si de nos discords l'infâme vitupère
A pu la dérober aux victoires du père,
Nous la verrons captive aux triomphes du fils.

XVII

... Aussi le temps a beau courir
Je la ferai toujours fleurir
Au rang des choses éternelles...

XIX

... Le temps adoucira les choses,
Et tous deux vous aurez des roses
Plus que vous n'en saurez cueillir...

XXIX

PRIÈRE D'UN BERGER

... La terre en tous endroits produira toutes choses,
Tous métaux seront or, toutes fleurs seront roses,

Tous arbres oliviers ;
L'an n'aura plus d'hiver, le jour n'aura plus d'ombre,
Et les perles sans nombre
Germeront dans la Seine au milieu des graviers...

Maynard

SONNET

Séguier, l'an recommence, et le devoir me presse
De te faire un présent qui soit digne de toi.
Je t'offre des souhaits dont la vaine richesse
Ne saurait m'acquitter de ce que je te dois.

Puissent tes bons conseils mettre fin à la guerre,
Qui du sang de l'Europe a fait tant de ruisseaux,
Et ramener la paix qui régnait sur la terre
Avant que l'Océan vît les premiers vaisseaux...

AUTRE SONNET

... Je veux me dérober aux injures du sort ;
Et sous l'aimable horreur de vos belles ténèbres
Donner toute mon âme aux pensers de la mort.

AUTRE SONNET

... Où pourrai-je trouver l'innocence des hommes
Qui virent les premiers l'enfance du Soleil ?...

AUTRE SONNET

... Maîtresses de mon cœur, incomparables Fées
Par qui les héros morts sont des héros vivants...

MARGOT

Cache ton corps sous un habit funeste,
Ton lit, Margot, a perdu ses chalands ;
Et tu n'es plus qu'un misérable reste
Du premier siècle, et des premiers galants.

Il est certain que tu vins sur la terre
Avant que Rome eût détrôné ses rois,
Et que tes yeux virent naître la guerre,
Qui mit les Grecs dans un cheval de bois.

La Mort hardie, et sous qui tout succombe,
N'ose envoyer ta carcasse à la tombe,
Et n'est pour toi qu'un impuissant Démon.

Veux-tu savoir quel siècle t'a portée ?
Je te l'apprends. Ton corps est du limon
Qui fut pétri des mains de Prométhée.

AUX MUSES

Je touche de mon pied le bord de l'autre monde :
L'âge m'ôte le goût, la force et le sommeil,
Et l'on verra bientôt naître du fond de l'onde
La première clarté de mon dernier soleil.

Muses, je m'en vais dire au fantôme d'Auguste
Que sa rare bonté n'a plus d'imitateurs,
Et que l'esprit des grands fait gloire d'être injuste
Aux belles passions de vos adorateurs.

Voulez-vous bien traiter ces fameux solitaires
A qui vos déités découvrent leurs mystères ?
Ne leur permettez plus des biens ni des emplois.

On met votre science au rang des choses vaines :
Et ceux qui veulent plaire aux favoris des rois
Arrachent vos lauriers et troublent vos fontaines.

LA BELLE VIEILLE

Cloris, que dans mon temps j'ai si longtemps servie,
Et que ma passion montre à tout l'univers,
Ne veux-tu pas changer le destin de ma vie
Et donner de beaux jours à mes derniers hivers ?

N'oppose plus ton deuil au bonheur où j'aspire.
Ton visage est-il fait pour demeurer voilé ?
Sors de ta nuit funèbre, et permets que j'admire
Les divines clartés des yeux qui m'ont brûlé...

. Ce n'est pas d'aujourd'hui que je suis ta conquête.
Huit lustres ont suivi le jour que tu me pris,
Et j'ai fidèlement aimé ta belle tête
Sous des cheveux châtains et sous des cheveux gris.

C'est de tes jeunes ans que mon ardeur est née ;
C'est de leurs premiers traits que je fus abattu,
Mais tant que tu brûlas du flambeau d'hyménée
Mon amour se cacha pour plaire à ta vertu.

Je sais de quel respect il faut que je t'honore
Et mes ressentiments ne l'ont pas violé.

Si quelquefois j'ai dit le soin qui me dévore
C'est à des confidents qui n'ont jamais parlé.

Pour adoucir l'aigreur des peines que j'endure,
Je me plains aux rochers et demande conseil
A ces vieilles forêts dont l'épaisse verdure
Fait de si belles nuits en dépit du soleil.

L'âme pleine d'amour et de mélancolie
Et couché sur des fleurs et sous des orangers,
J'ai montré ma blessure aux deux mers d'Italie
Et fait dire ton nom aux échos étrangers...

... La beauté qui te suit depuis ton premier âge
Au déclin de tes jours ne veut pas te laisser,
Et le temps, orgueilleux d'avoir fait ton visage,
En conserve l'éclat et craint de l'effacer.

Regarde sans frayeur la fin de toutes choses,
Consulte le miroir avec des yeux contents.
On ne voit point tomber ni tes lys, ni tes roses,
Et l'hiver de ta vie est ton second printemps.

Pour moi, je cède aux ans ; et ma tête chenue
M'apprend qu'il faut quitter les honneurs et le jour.
Mon sang se refroidit ; ma force diminue
Et je serais sans feu si j'étais sans amour...

POÈME

... Déjà le Jupiter des campagnes humides
Te garde six coursiers, tous six fils d'Apollon ;
Ils courent sur les flots sans mouiller leur talon
Et font émerveiller les yeux des Néréides...

SONNET AU ROI

Jeune roi dont les mains nous doivent soutenir,
Ouvrage merveilleux de la Toute-Puissance,
Mon art est prophétique, et je vois l'avenir
Que le Ciel a promis à ta haute naissance.

Sous toi l'impiété trouvera son tombeau,
Les Dieux visiblement marcheront sur la Terre.
La Discorde soumise éteindra son flambeau ;
Et la Paix fermera le temple de la guerre.

J'envie un si beau siècle à ma postérité.
L'inévitable arrêt de la fatalité
M'aura déjà porté dans les Champs-Élysées

Quand ta forte vaillance, et ton sage conseil,
Feront un âge d'or partout où le soleil
Touche de ses rayons les têtes baptisées.

REGRETS D'UNE GRANDE DAME

De tant de grands malheurs obstinés à me nuire,
Et qui, depuis le jour que premier je vis luire,
        Me suivent de si près,
Celui qui de mes sens a plus troublé le calme,
C'est la cruelle fin par qui ma belle palme
        Se transforme en cyprès...

... Bref, les plus beaux objets augmentent mon martyre.
Et si j'ai du plaisir, c'est quand je me retire
       Loin du bruit et du jour,
Dans les coins plus cachés d'une demeure sombre,
Où par mes hauts soupirs j'appelle ta chère ombre
       Et lui parle d'amour...

... Ha ! Tombeau bien aimé qu'à regret j'abandonne,
Prends ce dernier baiser que ma bouche te donne
       Avec tant de sanglots :
Et puisqu'à mon désir la puissance est ôtée
Rends-les à ce beau corps, qu'une fin trop hâtée
       A dans ton sein enclos.

... Mais je n'y serai guère, ô ma belle pensée !
Car de tant de travaux ma vie est oppressée
       Qu'il faudra que mes yeux
Soient bientôt obscurcis d'une nuit éternelle
Si ce n'est que je sois en ce monde immortelle
       Comme toi dans les cieux...

ASSURANCE DE FERMETÉ

Que la fin de ce jour soit la fin de ma vie,
Si mon cœur amoureux est touché de l'envie
De fléchir sous le joug de quelque autre beauté,
Encor que votre autel dédaigne ses offrandes ;
Car l'honneur de souffrir pour des beautés si grandes
Fait qu'il est insensible à votre cruauté.

Non ! J'ai trop de courage et trop de connaissance
Des grâces dont le ciel orna votre naissance
Pour n'adorer vos yeux à qui rien n'est pareil.

Se laisser consommer à des ardeurs nouvelles,
Ce serait rechercher des faibles étincelles,
Après avoir brûlé des flammes du Soleil.

Le ciel qui vous a faite en beauté la première
Départ à vos soleils une telle lumière
Et vous fait proférer de si divins propos,
Que quiconque s'arrête à servir ces merveilles
Doute si c'est par l'œil, ou bien par les oreilles,
Que l'amour a ravi son cœur et son repos...

... Beauté, qui de beautés êtes si bien pourvue,
Que vous rendez heureux celui de qui la vue
Peut, sans fléchir ailleurs, vos regards soutenir,
Le jour de vos beaux yeux dans les astres le guide,
Et, le purifiant par le feu, comme Alcide,
Vous le faites enfin immortel devenir.

Puis donc que les destins vous ont faite si belle,
Vous craignez sans sujet qu'une humeur infidèle
Puisse de vos liens délivrer ma raison ;
D'ailleurs mon cœur n'est pas si rude et si sauvage
Pour vouloir s'affranchir d'un si digne servage,
Quand mêmes il tiendrait les clefs de sa prison.

Perdez cette créance et vivez assurée
Que ma foi vous sera d'éternelle durée,
Et que votre œil divin servira de flambeau,
Alors que de mes jours la course infortunée
Par la rigueur du sort se verra terminée,
Pour éclairer mes pas en la nuit du tombeau.

A DAMON

... Damon, tu ne vis plus : déjà le nautonnier
Des eaux mortes et sombres
A, de tes belles mains, retiré le denier
Qu'il exige des ombres...

Saint-Amand

LA NUIT

Paisible et solitaire nuit,
    Sans lune et sans étoiles,
Renferme le jour qui me nuit
    Dans tes plus sombres voiles...

PLAINTE

Ruisseau qui cours après toi-même
Et qui te fuis toi-même aussi...

LE SOLEIL LEVANT

Jeune déesse au teint vermeil,
    Que l'Orient révère,

Aurore, fille du Soleil,
   Qui nais devant ton père,
Viens soudain me rendre le jour
Pour voir l'objet de mon amour.

Certes, la nuit a trop duré ;
   Déjà les coqs t'appellent ;
Remonte sur ton char doré,
   Que les Heures attellent,
Et viens montrer à tous les yeux
De quel émail tu peins les cieux.

Laisse ronfler ton vieux mari
   Dessus l'oisive plume,
Et pour plaire à ton favori
   Tes plus beaux feux rallume ;
Il t'en conjure à haute voix
En menant son limier au bois.

Mouille promptement les guérets
   D'une fraîche rosée,
Afin que la soif de Cérès
   En puisse être apaisée,
Et fais qu'on voie en cent façons
Pendre tes perles aux buissons.

Ah ! je te vois, douce clarté,
   Tu sois la bienvenue ;
Je te vois, céleste beauté,
   Paraître sur la nue,
Et ton étoile en arrivant
Blanchit les coteaux du levant.

Le silence et le morne roi
   Des visions funèbres
Prennent la fuite devant toi
   Avecque les ténèbres,
Et les hiboux qu'on ouit gémir
S'en vont chercher place à dormir...

LA SOLITUDE

Oh que j'aime la solitude !
Que ces lieux sacrés à la nuit,
Éloignés du monde et du bruit,
Plaisent à mon inquiétude !
Mon Dieu, que mes yeux sont contents
De voir ces bois, qui se trouvèrent
A la nativité des temps,
Et que tous les siècles révèrent,
Être encore aussi beaux et verts
Qu'aux premiers jours de l'univers...

... Que je trouve doux le ravage
De ces fiers torrents vagabonds,
Qui se précipitent par bonds
Dans ce vallon vert et sauvage...

... Là se trouvent sur quelques marbres
Des devises du temps passé ;
Ici l'âge a presque effacé
Des chiffres taillés sur les arbres ;
Le plancher du lieu le plus haut
Est tombé jusque dans la cave,
Que la limace et le crapaud
Souillent de venin et de bave ;
Le lierre y croît au foyer
A l'ombrage d'un grand noyer...

Sponde

SONNET

XII

Tout s'enfle contre moi, tout m'assaut, tout me tente,
Et le monde et la chair, et l'Ange révolté,
Dont l'onde, dont l'effort, dont le charme inventé,
Et m'abîme, Seigneur, et m'ébranle, et m'enchante.

Quelle nef, quel appui, quelle oreille dormante,
Sans péril, sans tomber, et sans être enchanté,
Me donras-tu ton Temple où vit ta Sainteté,
Ton invincible main et ta voix si constante?

Et quoi? mon Dieu, je sens combattre maintes fois,
Encore avec ton Temple, et ta main, et ta voix,
Cet Ange révolté, cette chair, et ce Monde.

Mais ton Temple pourtant, ta main, ta voix sera
La nef, l'appui, l'oreille où ce charme perdra,
Où mourra cet effort, où se perdra cette onde.

STANCES DE LA MORT

Mes yeux, ne lancez plus votre pointe éblouie
Sur les brillants rayons de la flammeuse vie,
Sillez-vous, couvrez-vous de ténèbres, mes yeux :
    Non pas pour étouffer vos vigueurs coutumières,
Car je vous ferai voir de plus vives lumières,
Mais sortant de la nuit vous n'en verrez que mieux.

    Je m'ennuie de vivre, et mes tendres années,
Gémissant sous le faix de bien peu de journées,
Me trouvent au milieu de ma course cassé ;
    Si n'est-ce pas du tout par défaut de courage,
Mais je prends comme un port à la fin de l'orage
Dédain de l'avenir pour l'horreur du passé...

... Mais je sens dedans moi quelque chose qui gronde,
Qui fait contre le ciel le partisan du monde,
Qui noircit ses clartés d'un ombrage touffu.
    L'Esprit qui n'est que feu de ses désirs m'enflamme...

... La chair sent le doux fruit des voluptés présentes,
L'Esprit ne semble avoir qu'un espoir des absentes,
Et le fruit pour l'espoir ne se doit point changer.

... Ne crains point, mon Esprit, d'entrer en cette lice,
Car la chair ne combat ta puissante justice
Que d'un bouclier de verre et d'un bras de roseau.
    Dieu t'armera de fer pour piler ce beau verre,
Pour casser ce roseau, et la fin de la guerre
Sera pour toi la vie, et pour elle un Tombeau.

... Hé ! que t'étonnes-tu dans cette obscurité
    Où ta clarté, du vent de Dieu même allumée,
Ne pousse que les flots d'une épaisse fumée
Et contraint à la mort ton immortalité ?

... Quelle plaine en l'Enfer de ces pointus encombres ?
Quel beau jour en la nuit de ces affreuses ombres ?
Quel doux largue au détroit de tant de vents battu ?...

... Apprends même du temps, que tu cherches d'étendre,
Qui coule, qui se perd, et qui ne peut attendre.
Tout se hâte, et se perd, et coule avec ce temps :
 Où trouveras-tu donc quelque longue durée ?
Ailleurs, mais tu ne peux sans la fin mesurée
De ton mal commencer le Bien que tu prétends.

 Ton mal c'est ta prison, et ta prison encore,
Ce corps dont le souci jour et nuit te dévore ;
Il faut rompre, il faut rompre enfin cette prison.
 Tu seras lors au calme, au beau jour, à la plaine,
Au lieu de tant de vents, tant de nuit, tant de gêne,
Qui battent, qui noircit, qui presse ta raison.

... Ce vivre est une mer où le bruyant orage
Nous menace à tous coups d'un assuré naufrage :
Faisons, faisons naufrage, et jetons-nous au port...
... Invisibles beautés, délices invisibles...

D'Arbaud de Porchères

SONNETS

SUR LES PIERRES PRÉCIEUSES

Quoi ! Sort-il tant de feux, sort-il tant de lumières
D'un si froid, si grossier et si noir élément ?
Et tant d'astres, naissant dans ces sombres carrières,
Font-ils donc de la terre un second firmament ?...

ABEL

... Je bénis ta mémoire et j'admire ton sort,
Jeune et premier martyr. Toutefois, en ta mort,
Ton sang au juste ciel a demandé vengeance ;

Mais du mystique Abel, immolé sur la Croix,
Le sang pur et divin, qui coule en abondance,
Demande grâce au ciel d'une plus forte voix.

JOSEPH

... Esclave, prisonnier, ministre incomparable,
Prophète, prince et fils, digne de tes aïeux,

Tu sens partout sur toi l'esprit, la main, les yeux
Du monarque éternel, à tes vœux favorable.

Dressé comme la palme, et souvent abattu,
Tu relèves plus haut ta constante vertu,
Et le ciel fait plus haut éclater ta victoire.

Figure du Sauveur, dans tes combats divers
Tu passes comme lui, de la honte à la gloire ;
Mais lui seul, en souffrant, a sauvé l'univers.

JEAN-BAPTISTE

... Du soleil la justice étoile avant-courrière...

SUR LA DÉCOUVERTE DU NOUVEAU MONDE

... Toi qui fis le soleil, en formant l'univers,
Répands, par ton Esprit, sur ces peuples divers,
Du mystique Soleil la clarté Salutaire.

Que la croix de leur ciel leur serve de flambeau,
Qui les mène à Jésus, mourant sur le Calvaire,
Et les rechange encor en un monde nouveau.

SUR LA GUERRE

Fureur, pillage, sang, campagnes désolées,
Deuil, solitude, effroi, plaintes, larmes, douleurs,
Villages embrasés, places démantelées,
Faites de mon tableau les traits et les couleurs...

Du Bois Hus

LA NUIT DES NUITS
ET LE JOUR DES JOURS

... Les bois ne paraissent plus verts,
La nuit entrant dans l'Univers
Couvre le sommet des montagnes,
Déjà l'Air orphelin arrose de ses pleurs
La face des campagnes
Et les larmes du soir tombent dessus les fleurs.

Le monde change de couleur,
Une générale pâleur
Efface la beauté des plaines
Et les Oiseaux surpris sur les bords des marais,
Courtisans des fontaines,
Se vont mettre à couvert dans le sein des forêts.

Quelques brins d'écarlate et d'or
Paraissent attachés encor
A quelque pièce de nuage :
Des restes de rayons, peignant tout à l'entour
Le fond du paysage,
Font un troisième temps qui n'est ni nuit ni jour...

Le Silence vêtu de noir,
Retournant faire son devoir

Vole sur la mer et la terre,
Et l'Océan joyeux de sa tranquillité
Est un liquide verre
Où la face du Ciel imprime sa beauté.

Le visage du Firmament
Descendu dans cet élément
Y fait voir sa figure peinte,
Les feux du Ciel sans peur nagent dedans la mer
Et les poissons sans crainte
Glissent parmi ces feux qui semblent les aimer.

Dans le fond de ce grand miroir
La Nature se plaît à voir
L'onde et la flamme si voisines
Et les Astres tombés en ces pays nouveaux,
Salamandres marines,
Se baignent à plaisir dans le giron des eaux.

L'illustre Déesse des mois
Quittant son arc et son carquois
Descend avec eux dedans l'onde.
Son Croissant est sa Barque, où l'hameçon en main,
Fait de sa tresse blonde,
Elle pêche à loisir les perles du Jourdain...

... Et la Lune pompeuse au départ du Soleil
Ouvre dessus sa tête
Autant d'yeux que sous elle en ferme le Sommeil.

Soleil, quitte lui ta maison,
Celle qui vient sur l'horizon
Est grosse du Dieu que j'adore,
Les torches qu'elle allume en la place du jour,
Plus belles que l'Aurore,
Lui couronnent le front de lumières d'amour...

... Cette belle adversaire apporte dans ses mains
La beauté qui surmonte
Et les grâces du Ciel, et l'amour des humains.

Riche et miraculeuse Nuit,
Qui sans bouche et sans aucun bruit
Enfantes pourtant la PAROLE,
Sois toujours révérée en ce vaste Univers,
Et que ta gloire vole
De l'un à l'autre bout sur l'aile de mes vers.

Gouttes, filles des beaux matins,
Yeux des fleurs, Astres argentins,
Nourriture des prés humides,
Étoiles des jardins, douces Sueurs des Cieux,
Cristaux, Perles liquides,
Vous n'aurez rien d'égal aux larmes de ces Yeux...

Théophile de Viau

LA SOLITUDE

Dans ce val solitaire et sombre,
Le cerf qui brame au bruit de l'eau,
Penchant ses yeux dans un ruisseau,
S'amuse à regarder son ombre.

Un froid et ténébreux silence
Dort à l'ombre de ces ormeaux,
Et les vents battent les rameaux
D'une amoureuse violence.

Corinne, je te prie, approche ;
Couchons-nous sur ce tapis vert,
Et pour être mieux à couvert
Entrons au creux de cette roche...

... Prête-moi ton sein pour y boire
Des odeurs qui m'embaumeront ;
Ainsi mes sens se pâmeront
Dans les lacs de tes bras d'ivoire.

Je baignerai mes mains folâtres
Dans les ondes de tes cheveux...

... Ma Corinne, que je t'embrasse !
Personne ne nous voit qu'Amour ;
Vois que même les yeux du jour
Ne trouvent ici point de place.

Les vents qui ne peuvent se taire,
Ne peuvent écouter aussi,
Et ce que nous ferons ici
Leur est un inconnu mystère.

LE MATIN

La lune fuit devant nos yeux,
La lune a retiré ses voiles,
Peu à peu le front des étoiles
S'unit à la couleur des cieux...

... Une confuse violence
Trouble le calme de la nuit,
Et la lumière, avec le bruit,
Dissipe l'ombre et le silence...

Tristan L'Hermite

LE PROMENOIR DES DEUX AMANTS

Auprès de cette grotte sombre
Où l'on respire un air si doux
L'onde lutte avec les cailloux
Et la lumière avecque l'ombre...

... L'ombre de cette fleur vermeille
Et celle de ces joncs pendants
Paraissent être là-dedans
Les songes de l'eau qui sommeille...

... Jamais le vent ni le tonnerre
N'ont troublé la paix de ces lieux,
Et la complaisance des cieux
Y sourit toujours à la terre...

... Fais-moi boire au creux de tes mains
Si l'eau n'en dissout point la neige...

Corneille

CLITANDRE

... Ah, mes yeux ? Si jamais vos fonctions propices
A mon cœur amoureux firent de bons services,
Apprenez aujourd'hui quel est votre devoir :
Le moyen de me plaire est de me décevoir.
Si vous ne m'abusez, si vous n'êtes faussaires,
Vous êtes de mon heur les cruels adversaires.
Un infidèle encor régnant sur mon penser,
Votre fidélité ne peut que m'offenser.
Apprenez, apprenez par le traître que j'aime
Qu'il vous faut me trahir pour être aimés de même.
Et toi, père du jour, dont le flambeau naissant
Va chasser mon erreur avecque le croissant,
S'il est vrai que Thétis te reçoit dans sa couche,
Prends, soleil, prends encor deux baisers sur sa
[bouche.
Ton retour me va perdre, et retrancher ton bien :
Prolonge, en l'arrêtant, mon bonheur et le tien...

Acte I, Scène I.

SURÉNA

EURYDICE

Je vous ai fait prier de ne me plus revoir,
Seigneur : votre présence étonne mon devoir ;
Et ce qui de mon cœur fit toutes les délices
Ne saurait plus m'offrir que de nouveaux supplices.
Osez-vous l'ignorer ? et lorsque je vous vois,
S'il me faut trop souffrir, souffrez-vous moins que moi ?
Souffrons-nous moins tous deux pour soupirer
[ensemble ?
Allez, contentez-vous d'avoir vu que j'en tremble ;
Et du moins par pitié d'un triomphe douteux,
Ne me hasardez plus à des soupirs honteux.

SURÉNA

Je sais ce qu'à mon cœur coûtera votre vue ;
Mais qui cherche à mourir doit chercher ce qui tue.
Madame, l'heure approche, et demain votre foi
Vous fait de m'oublier une éternelle loi ;
Je n'ai plus que ce jour, que ce moment de vie :
Pardonnez à l'amour qui vous la sacrifie,
Et souffrez qu'un soupir exhale à vos genoux,
Pour ma dernière joie, une âme toute à vous.

EURYDICE

Et la mienne, Seigneur, la jugez-vous si forte,
Que vous ne craigniez point que ce moment l'emporte,
Que ce même soupir qui tranchera vos jours
Ne tranche aussi des miens le déplorable cours ?
Vivez, Seigneur, vivez, afin que je languisse,
Qu'à vos yeux ma langueur rende longtemps justice.
Le trépas à vos yeux me semblerait trop doux,
Et je n'ai pas encor assez souffert pour vous.
Je veux qu'un noir chagrin à pas lents me consume,

Qu'il me fasse à longs traits goûter mon amertume ;
Je veux, sans que la mort ose me secourir,
Toujours aimer, toujours souffrir, toujours mourir.
Mais pardonneriez-vous l'aveu d'une faiblesse
A cette douloureuse et fatale tendresse ?
Vous pourriez-vous, Seigneur, résoudre à soulager
Un malheur si pressant par un bonheur léger ?

SURÉNA

Quel bonheur peut dépendre ici d'un misérable
Qu'après tant de faveurs son amour même accable ?
Puis-je encor quelque chose en l'état où je suis ?

EURYDICE

Vous pouvez m'épargner d'assez rudes ennuis.
N'épousez point Mandane : exprès on l'a mandée,
Mon chagrin, mes soupçons, m'en ont persuadée.
N'ajoutez point, Seigneur, à des malheurs si grands
Celui de vous unir au sang de mes tyrans ;
De remettre en leurs mains le seul bien qui me reste,
Votre cœur ; un tel don me serait trop funeste :
Je veux qu'il me demeure, et malgré votre roi,
Disposer d'une main qui ne peut être à moi.

SURÉNA

Plein d'un amour si pur et si fort que le nôtre,
Aveugle pour Mandane, aveugle pour tout autre,
Comme je n'ai plus d'yeux vers elles à tourner,
Je n'ai plus ni de cœur ni de main à donner.
Je vous aime, et vous perds. Après cela, Madame,
Serait-il quelque hymen que pût souffrir mon âme ?
Serait-il quelques nœuds où se pût attacher
Le bonheur d'un amant qui vous était si cher,
Et qu'à force d'amour vous rendez incapable
De trouver sous le ciel quelque chose d'aimable ?

EURYDICE

Ce n'est pas là de vous, Seigneur, ce que je veux,
A la postérité vous devez des neveux ;

Et ces illustres morts dont vous tenez la place
Ont assez mérité de revivre en leur race ;
Je ne veux pas l'éteindre, et tiendrais à forfait
Qu'il m'en fût échappé le plus léger souhait.

SURÉNA

Que tout meure avec moi, Madame ; que m'importe
Qui foule après ma mort la terre qui me porte ?
Sentiront-ils percer par un éclat nouveau,
Ces illustres aïeux, la nuit de leur tombeau ?
Respireront-ils l'air où les feront revivre
Ces neveux qui peut-être auront peine à les suivre,
Peut-être ne feront que les déshonorer,
Et n'en auront le sang que pour dégénérer ?
Quand nous avons perdu le jour qui nous éclaire,
Cette sorte de vie est bien imaginaire,
Et le moindre moment d'un bonheur souhaité
Vaut mieux qu'une si froide et vaine éternité.

EURYDICE

Non, non, je suis jalouse ; et mon impatience
D'affranchir mon amour de toute défiance,
Tant que je vous verrai maître de votre foi,
La croira réservée aux volontés du roi ;
Mandane aura toujours un plein droit de vous plaire ;
Ce sera l'épouser que de le pouvoir faire ;
Et ma haine sans cesse aura de quoi trembler,
Tant que par là mes maux pourront se redoubler.
Il faut qu'un autre hymen me mette en assurance.
N'y portez, s'il se peut, que de l'indifférence :
Mais, par de nouveaux feux dussiez-vous me trahir,
Je veux que vous aimiez afin de m'obéir.
Je veux que ce grand choix soit mon dernier ouvrage,
Qu'il tienne lieu vers moi d'un éternel hommage.
Que mon ordre le règle, et qu'on me voie enfin
Reine de votre cœur et de votre destin.
Que Mandane, en dépit de l'espoir qu'on lui donne,
Ne pouvant s'élever jusqu'à votre personne,

Soit réduite à descendre à ces malheureux rois
A qui, quand vous voudrez, vous donnerez des lois.
Et n'appréhendez point d'en regretter la perte ;
Il n'est cour sous le ciel qui ne vous soit ouverte ;
Et partout votre gloire a fait de tels éclats,
Que les filles de rois ne vous manqueront pas.

SURÉNA

Quand elles me rendraient maître de tout un monde,
Absolu sur la terre et souverain sur l'onde,
Mon cœur...

EURYDICE

N'achevez point : l'air dont vous
[commencez
Pourrait à mon chagrin ne plaire pas assez ;
Et d'un cœur qui veut être encor sous ma puissance
Je ne veux recevoir que de l'obéissance.

SURÉNA

A qui me donnez-vous ?

EURYDICE

Moi ? que ne puis-je, hélas !
Vous ôter à Mandane, et ne vous donner pas !
Et contre les soupçons de ce cœur qui vous aime,
Que ne m'est-il permis de m'assurer moi-même !
Mais adieu ; je m'égare.

SURÉNA

Où dois-je recourir,
O ciel ! s'il faut toujours aimer, souffrir, mourir ?

Acte I, Scène III.

PACORUS

... Laissez-moi vous parler d'affaires plus pressées,
Et songez qu'il est temps de m'ouvrir vos pensées ;

Vous vous abuseriez à les plus retenir.
Je vous aime, et demain l'hymen doit nous unir.
M'aimez-vous ?

EURYDICE

Oui, Seigneur ; et ma main vous est sûre.

PACORUS

C'est peu que de la main, si le cœur en murmure.

EURYDICE

Quel mal pourrait causer le murmure du mien,
S'il murmurait si bas qu'aucun n'en apprît rien ?

PACORUS

Ah ! Madame, il me faut un aveu plus sincère.

EURYDICE

Épousez-moi, Seigneur, et laissez-moi me taire ;
Un pareil doute offense, et cette liberté
S'attire quelquefois trop de sincérité.

PACORUS

C'est ce que je demande, et qu'un mot sans contrainte
Justifie aujourd'hui mon espoir ou ma crainte.
Ah ! si vous connaissiez ce que pour vous je sens...

EURYDICE

Je ferais ce que font les cœurs obéissants,
Ce que veut mon devoir, ce qu'attend votre flamme,
Ce que je fais enfin.

PACORUS

              Vous feriez plus, Madame ;
Vous me feriez justice, et prendriez plaisir
A montrer que nos cœurs ne forment qu'un désir.
Vous me diriez sans cesse : « Oui, prince, je vous
                       [aime,

Mais d'une passion, comme la vôtre, extrême ;
Je sens le même feu, je fais les mêmes vœux,
Ce que vous souhaitez est tout ce que je veux ;
Et cette illustre ardeur ne sera point contente,
Qu'un glorieux hymen n'ait rempli notre attente.

EURYDICE

Pour vous tenir, Seigneur, un langage si doux,
Il faudrait qu'en amour j'en susse autant que vous.

PACORUS

Le véritable amour, dès que le cœur soupire,
Instruit en un moment de tout ce qu'on doit dire.
Ce langage à ses feux n'est jamais importun,
Et si vous l'ignorez, vous n'en sentez aucun.

EURYDICE

Suppléez-y, Seigneur, et dites-vous vous-même
Tout ce que sent un cœur dès le moment qu'il aime ;
Faites-vous-en pour moi le charmant entretien ;
J'avouerai tout, pourvu que je n'en dise rien.

PACORUS

Ce langage est bien clair, et je l'entends sans peine.
Au défaut de l'amour, auriez-vous de la haine ?
Je ne veux pas le croire, et des yeux si charmants...

EURYDICE

Seigneur, sachez pour vous quels sont mes sentiments :
Si l'amitié vous plaît, si vous aimez l'estime,
A vous les refuser je croirais faire un crime ;
Pour le cœur, si je puis vous le dire entre nous,
Je ne m'aperçois point qu'il soit encore à vous.

PACORUS

Ainsi donc ce traité qu'ont fait les deux couronnes...

S'il a pu l'une à l'autre engager nos personnes,
Au seul don de la main son droit est limité,
Et mon cœur avec vous n'a point fait de traité.
C'est sans vous le devoir que je fais mon possible
A le rendre pour vous plus tendre et plus sensible :
Je ne sais si le temps l'y pourra disposer ;
Mais qu'il le puisse ou non, vous pouvez m'épouser.

PACORUS

Je le puis, je le dois, je le veux ; mais, Madame,
Dans ces tristes froideurs dont vous payez ma flamme,
Quelque autre amour plus fort...

EURYDICE

Qu'osez-vous demander,
Prince ?

PACORUS

De mon bonheur ce qui doit décider.

EURYDICE

Est-ce un aveu qui puisse échapper à ma bouche ?

PACORUS

Il est tout échappé, puisque ce mot vous touche.
Si vous n'aviez du cœur fait ailleurs l'heureux don,
Vous auriez moins de gêne à me dire que non ;
Et pour me garantir de ce que j'appréhende,
La réponse avec joie eût suivi la demande.
Madame, ce qu'on fait sans honte et sans remords
Ne coûte rien à dire, il n'y faut point d'efforts ;
Et sans que la rougeur au visage nous monte...

EURYDICE

Ah ! ce n'est point pour moi que je rougis de honte.
Si j'ai pu faire un choix, je l'ai fait assez beau

Pour m'en faire un honneur jusque dans le tombeau ;
Et quand je l'avouerai, vous aurez lieu de croire
Que tout mon avenir en aimera la gloire.
Je rougis, mais pour vous qui m'osez demander
Ce qu'on doit avoir peine à se persuader ;
Et je ne comprends point avec quelle prudence
Vous voulez qu'avec vous j'en fasse confidence,
Vous qui, près d'un hymen accepté par devoir,
Devriez sur ce point craindre de trop savoir.

PACORUS

Mais il est fait, ce choix qu'on s'obstine à me taire,
Et qu'on cherche à me dire avec tant de mystère ?

EURYDICE

Je ne vous le dis point, mais si vous m'y forcez,
Il vous en coûtera plus que vous ne pensez.

PACORUS

Eh bien, Madame, eh bien, sachons, quoi qu'il en
                                          [coûte,
Quel est ce grand rival qu'il faut que je redoute.
Dites, est-ce un héros ? est-ce un prince ? est-ce un
                                          [roi ?

EURYDICE

C'est ce que j'ai connu de plus digne de moi.

PACORUS

Si le mérite est grand, l'estime est un peu forte.

EURYDICE

Vous la pardonnerez à l'amour qui s'emporte :
Comme vous le forcez à se trop expliquer,
S'il manque de respect, vous l'en faites manquer.
Il est si naturel d'estimer ce qu'on aime,
Qu'on voudrait que partout on l'estimât de même ;

250

Et la pente est si douce à vanter ce qu'il vaut,
Que jamais on ne craint de l'élever trop haut.

C'est en dire beaucoup.

      Apprenez davantage.
Et sachez que l'effort où mon devoir m'engage
Ne peut plus me réduire à vous donner demain
Ce qui vous était sûr, je veux dire ma main.
Ne vous la promettez qu'après que dans mon âme
Votre mérite aura dissipé cette flamme,
Et que mon cœur, charmé par des attraits plus doux,
Se sera répondu de n'aimer rien que vous.
Et ne me dites point que pour cet hyménée
C'est de mon propre aveu qu'on a pris la journée :
J'en sais la conséquence, et diffère à regret ;
Mais puisque vous m'avez arraché mon secret,
Il n'est ni roi, ni père, il n'est prière, empire,
Qu'au péril de cent morts mon cœur n'ose en dédire.
C'est ce qu'il n'est plus temps de vous dissimuler,
Seigneur, et c'est le prix de m'avoir fait parler.

A ces bontés, Madame, ajoutez une grâce ;
Et du moins, attendant que cette ardeur se passe,
Apprenez-moi le nom de cet heureux amant
Qui sur tant de vertu règne si puissamment,
Par quelles qualités il a pu la surprendre.

Ne me pressez point tant, Seigneur, de vous l'ap-
                      [prendre.
Si je vous l'avais dit...

      Achevons.

Dès demain
Rien ne m'empêcherait de lui donner la main.

PACORUS

Il est donc dans ces lieux, Madame ?

EURYDICE

Il y peut être,
Seigneur, si déguisé qu'on ne le peut connaître.
Peut-être en domestique est-il auprès de moi ;
Peut-être s'est-il mis de la maison du roi ;
Peut-être chez vous-même il s'est réduit à feindre.
Craignez-le dans tous ceux que vous ne daignez
[craindre,
Dans tous les inconnus que vous aurez à voir ;
Et plus que tout encor, craignez de trop savoir.
J'en dis trop ; il est temps que ce discours finisse.
A Palmis que je vois rendez plus de justice ;
Et puissent de nouveau ses attraits vous charmer
Jusqu'à ce que le temps m'apprenne à vous aimer !

Acte II, Scène II.

L'IMITATION DE JÉSUS-CHRIST

Parle, parle, Seigneur, ton serviteur écoute,
Je dis ton serviteur car enfin je le suis,
Je le suis, je veux l'être, et marcher dans ta route
Et les jours et les nuits.

Je ne veux ni Moïse à m'enseigner tes voies,
Ni quelque autre prophète à m'expliquer tes lois,

C'est toi qui les instruis, c'est toi qui les envoies
            Dont je cherche la voix.

Ils sèment la parole obscure, simple et nue,
Mais dans l'obscurité tu rends l'œil clairvoyant,
Et joins du haut du Ciel à la lettre qui tue
            L'esprit vivifiant.

Silence donc, Moïse, et toi, parle en sa place,
Éternelle, immuable, immense vérité,
Parle, que je ne meure, enfoncé dans la glace
            De ma stérilité...

PSAUME

Ouvrages du Très-Haut, effets de sa parole,
            Bénissez le Seigneur,
Et jusqu'au bout des temps, de l'un à l'autre pôle,
            Exaltez sa grandeur.

Anges qui le voyez dans sa splendeur entière,
            Bénissez le Seigneur,
Cieux qu'il a peints d'azur et revêt de lumière,
            Exaltez sa grandeur.

Soleil, qui fais le jour, lune, qui perces l'ombre,
            Bénissez le Seigneur,
Étoiles, dont mortel n'a jamais su le nombre,
            Exaltez sa grandeur.

Feux, dont la douce ardeur orne et pare la terre,
            Bénissez le Seigneur,

Froids dont l'âpre rigueur la ravage et resserre,
        Exaltez sa grandeur.

Admirables trésors de neiges et de glaces,
        Bénissez le Seigneur,
Jour, qui fais la couleur, et toi Nuit, qui l'effaces,
        Exaltez sa grandeur.

Ténèbres et clartés, leurs éternels partages,
        Bénissez le Seigneur,
Armes de sa colère, éclairs, foudres, orages,
        Exaltez sa grandeur.

Ames justes, esprits en qui sa grâce abonde,
        Bénissez le Seigneur,
Humbles, qu'un saint orgueil fait dédaigner le monde,
        Exaltez sa grandeur.

La Fontaine

ADONIS

… Rien ne manque à Vénus, ni les lis, ni les roses,
Ni le mélange exquis des plus aimables choses,
Ni le charme secret dont l'œil est enchanté,
Ni la grâce, plus belle encor que la beauté…

VÉNUS PLEURE SUR ADONIS

… Après mille sanglots enfin elle s'écrie :
« Mon amour n'a donc pu te faire aimer la vie !
Tu me quittes, cruel ! Au moins ouvre les yeux,
Montre-toi plus sensible à mes tristes adieux ;
Vois de quelles douleurs ton amante est atteinte !
Hélas ! j'ai beau crier : il est sourd à ma plainte.
Une éternelle nuit l'oblige à me quitter ;
Mes pleurs ni mes soupirs ne peuvent l'arrêter.
Encor si je pouvais le suivre en ces lieux sombres !
Que ne m'est-il permis d'errer parmi les ombres ?
Destins, si vous vouliez le voir si tôt périr,
Fallait-il m'obliger à ne jamais mourir ?
Malheureuse Vénus, que te servent ces larmes ?
Vante-toi maintenant du pouvoir de tes charmes :
Ils n'ont pu du trépas exempter tes amours ;

Tu vois qu'ils n'ont pu même en prolonger les jours.
Je ne demandais pas que la Parque cruelle
Prît à filer leur trame une peine éternelle ;
Bien loin que mon pouvoir l'empêchât de finir,
Je demande un moment, et ne puis l'obtenir.
Noires divinités du ténébreux empire,
Dont le pouvoir s'étend sur tout ce qui respire,
Rois des peuples légers, souffrez que mon amant
De son triste départ me console un moment.
Vous ne le perdrez point : le trésor que je pleure
Ornera tôt ou tard votre sombre demeure.
Quoi ! vous me refusez un présent si léger !
Cruels, souvenez-vous qu'Amour m'en peut venger :
Et vous, antres cachés, favorables retraites,
Où nos cœurs ont goûté des douceurs si secrètes,
Grottes, qui tant de fois avez vu mon amant
Me raconter des yeux son fidèle tourment,
Lieux amis du repos, demeures solitaires,
Qui d'un trésor si rare étiez dépositaires,
Déserts, rendez-le-moi !...

L'AMOUR ET PSYCHÉ

HYMNE A LA VOLUPTÉ

O douce Volupté, sans qui, dès notre enfance,
Le vivre et le mourir nous deviendraient égaux ;
Aimant universel de tous les animaux,
Que tu sais attirer avecque violence !
            Par toi tout se meut ici-bas,
            C'est pour toi, c'est pour tes appâts
            Que nous courons après la peine :
            Il n'est soldat, ni capitaine,

Ni ministre d'État, ni prince, ni sujet,
    Qui ne t'ait pour unique objet.
Nous autres nourrissons, si pour fruit de nos veilles
Un bruit délicieux ne charmait nos oreilles,
Si nous ne nous sentions chatouillés de ce son,
    Ferions-nous un mot de chanson ?
Ce qu'on appelle gloire en termes magnifiques,
Ce qui servait de prix dans les Jeux Olympiques,
    N'est que toi, proprement, divine Volupté.
Et le plaisir des sens n'est-il de rien compté ?
    Pourquoi sont faits les dons de Flore,
    Le soleil couchant et l'aurore,
    Pomone et ses mets délicats,
    Bacchus, l'âme des bons repas,
    Les forêts, les eaux, les prairies,
    Mères des douces rêveries ?
Pourquoi tant de beaux-arts qui sont tous tes enfants ?
Mais pourquoi les Chloris aux appâts triomphants
    Que pour soutenir ton commerce ?
J'entends innocemment : sur son propre désir
    Quelque rigueur que l'on exerce,
    Encore y prend-on du plaisir.

Volupté, Volupté, qui fus jadis maîtresse
    Du plus bel esprit de la Grèce,
Ne me dédaigne pas ; viens-t'en loger chez moi ;
    Tu n'y seras pas sans emploi :
J'aime le jeu, l'amour, les livres, la musique,
La ville et la campagne, enfin tout ; il n'est rien
    Qui ne me soit souverain bien,
Jusqu'au sombre plaisir d'un cœur mélancolique.
Viens donc ; et de ce bien, ô douce Volupté,
Veux-tu savoir au vrai la mesure certaine ?
Il m'en faut tout au moins un siècle bien compté,
    Car trente ans ce n'est pas la peine.

« Que nos plaisirs passés augmentent nos supplices !
Qu'il est dur d'éprouver, après tant de délices,
      Les cruautés du sort !
Fallait-il être heureuse avant d'être coupable ?
Et si de me haïr, Amour, tu fus capable,
      Pourquoi m'aimer d'abord ?

Que ne punissais-tu mon crime par avance ?
Il est bien temps d'ôter à mes yeux ta présence
      Quand tu luis dans mon cœur !
Encor si j'ignorais la moitié de tes charmes !
Mais je les ai tous vus : j'ai vu toutes les armes
      Qui te rendent vainqueur.

J'ai vu la Beauté même et les Grâces dormantes,
Un doux ressouvenir de cent choses charmantes
      Me suit dans les déserts.
L'image de ces biens rend mes maux cent fois pires.
Ma mémoire me dit : Quoi, Psyché, tu respires
      Après ce que tu perds ?

Cependant il faut vivre : Amour m'a fait défense
D'attenter sur des jours qu'il tient en sa puissance,
      Tout malheureux qu'ils sont.
Le cruel veut, hélas ! que mes mains soient captives.
Je n'ose me soustraire aux peines excessives
      Que mes remords me font. »

C'est ainsi qu'en un bois Psyché contait aux arbres
Sa douleur dont l'excès faisait fendre les marbres
      Habitants de ces lieux.
Rochers, qui l'écoutiez avec quelque tendresse,
Souvenez-vous des pleurs qu'au fort de sa tristesse
      Ont versés ses beaux yeux.

... O Paix, infante des Cieux,
Toi que tout heur accompagne,
Viens vite embellir ces lieux
Avec l'Infante d'Espagne.

Chasse des soldats gloutons
La troupe fière et hagarde,
Qui mange tous mes moutons,
Et bat celui qui les garde.

Délivre ce beau séjour
De leur brutale furie,
Et ne permets qu'à l'Amour
D'entrer dans la bergerie.

Fais qu'avecque le berger
On puisse voir la bergère,
Qui coure d'un pied léger,
Qui danse sur la fougère,

Et qui, du berger tremblant
Voyant le peu de courage,
S'endorme ou fasse semblant
De s'endormir à l'ombrage.

O Paix ! source de tout bien,
Viens enrichir cette terre,
Et fais qu'il n'y reste rien
Des images de la guerre.

Accorde à nos longs désirs
De plus douces destinées ;
Ramène-nous les plaisirs
Absents depuis tant d'années.

Étouffe tous ces travaux
Et leurs semences mortelles ;
Que les plus grands de nos maux
Soient les rigueurs de nos belles ;

Et que nous passions nos jours
Étendus sur l'herbe tendre,
Prêts à conter nos amours
A qui voudra les entendre.

Racine

BÉRÉNICE

ANTIOCHUS

... Je vois que votre cœur m'applaudit en secret ;
Je vois que l'on m'écoute avec moins de regret,
Et que trop attentive à ce récit funeste,
En faveur de Titus vous pardonnez le reste.
Enfin, après un siège aussi cruel que lent,
Il dompta les mutins, reste pâle et sanglant
Des flammes, de la faim, des fureurs intestines,
Et laissa leurs remparts cachés sous leurs ruines.
Rome vous vit, Madame, arriver avec lui.
Dans l'Orient désert quel devint mon ennui !
Je demeurai longtemps errant dans Césarée,
Lieux charmants où mon cœur vous avait adorée...

... Et c'est ce que je fuis. J'évite, mais trop tard,
Ces cruels entretiens où je n'ai point de part.
Je fuis Titus, je fuis ce nom qui m'inquiète,
Ce nom qu'à tout moment votre bouche répète :
Que vous dirai-je enfin ? je fuis des yeux distraits,
Qui me voyant toujours, ne me voyaient jamais.
Adieu, je vais, le cœur trop plein de votre image,
Attendre, en vous aimant, la mort pour mon partage...

Acte 1, Scène IV.

... Dans un mois, dans un an, comment souffrirons-nous,
Seigneur, que tant de mers me séparent de vous;
Que le jour recommence, et que le jour finisse,
Sans que jamais Titus puisse voir Bérénice,
Sans que, de tout le jour, je puisse voir Titus?...

Acte IV, Scène V.

MITHRIDATE

MITHRIDATE

C'est faire à vos beautés un triste sacrifice,
Que de vous présenter, Madame, avec ma foi,
Tout l'âge et le malheur que je traîne avec moi.
Jusqu'ici la fortune et la victoire mêmes
Cachaient mes cheveux blancs sous trente diadèmes.
Mais ce temps-là n'est plus, je régnais, et je fuis...
... Madame, et de quel front vous unir à mon sort
Quand je ne cherche plus que la guerre ou la mort?...

Acte III, Scène V.

IPHIGÉNIE

CLYTEMNESTRE, A AGAMEMNON

... Vous ne démentez point une race funeste;
Oui, vous êtes le sang d'Atrée et de Thyeste:

Bourreau de votre fille, il ne vous reste enfin
Que d'en faire à sa mère un horrible festin.
Barbare ! c'est donc là cet heureux sacrifice
Que vos soins préparaient avec tant d'artifice !
Quoi ! l'horreur de souscrire à cet ordre inhumain
N'a pas, en le traçant, arrêté votre main !
Pourquoi feindre à nos yeux une fausse tristesse ?
Pensez-vous par des pleurs prouver votre tendresse ?
Où sont-ils, ces combats que vous avez rendus ?
Quels flots de sang pour elle avez-vous répandus ?
Quel débris parle ici de votre résistance ?
Quel champ couvert de morts me condamne au
                                    [silence ?
Voilà par quels témoins il fallait me prouver,
Cruel, que votre amour a voulu la sauver.
Un oracle fatal ordonne qu'elle expire !
Un oracle dit-il tout ce qu'il semble dire ?
Le ciel, le juste ciel, par le meurtre honoré,
Du sang de l'innocence est-il donc altéré ?
Si du crime d'Hélène on punit sa famille,
Faites chercher à Sparte Hermione sa fille ;
Laissez à Ménélas racheter d'un tel prix
Sa coupable moitié, dont il est trop épris.
Mais vous, quelles fureurs vous rendent sa victime ?
Pourquoi vous imposer la peine de son crime ?
Pourquoi moi-même enfin, me déchirant le flanc,
Payer sa folle amour du plus pur de mon sang ?...
... Un prêtre, environné d'une foule cruelle,
Portera sur ma fille une main criminelle,
Déchirera son sein, et d'un œil curieux,
Dans son cœur palpitant consultera les dieux !
Et moi, qui l'amenai triomphante, adorée,
Je m'en retournerai seule et désespérée !
Je verrai les chemins encor tout parfumés
Des fleurs dont sous ses pas on les avait semés !
Non, je ne l'aurai point amenée au supplice,
Ou vous ferez aux Grecs un double sacrifice.
Ni crainte ni respect ne m'en peut détacher :

De mes bras tout sanglants il faudra l'arracher.
Aussi barbare époux qu'impitoyable père,
Venez, si vous l'osez, la ravir à sa mère.
Et vous, rentrez, ma fille ; et du moins à mes lois
Obéissez encor pour la dernière fois.

Acte IV, Scène V.

CLYTEMNESTRE

O monstre, que Mégère en ses flancs a porté !
Monstre, que dans nos bras les enfers ont jeté !
Quoi, tu ne mourras point ! Quoi, pour punir son
[crime...
Mais où va ma douleur chercher une victime ?
Quoi ! pour noyer les Grecs et leurs mille vaisseaux,
Mer, tu n'ouvriras pas des abîmes nouveaux !
Quoi ! lorsque les chassant du port qui les recèle,
L'Aulide aura vomi leur flotte criminelle,
Les vents, les mêmes vents si longtemps accusés,
Ne te couvriront pas de ses vaisseaux brisés !
Et toi, soleil, et toi, qui dans cette contrée
Reconnais l'héritier et le vrai fils d'Atrée,
Toi, qui n'osas du père éclairer le festin,
Recule, ils t'ont appris ce funeste chemin.
Mais cependant, ô ciel ! ô mère infortunée !
De festons odieux ma fille couronnée
Tend la gorge aux couteaux par son père apprêtés !
Calchas va dans son sang... Barbares ! arrêtez !
C'est le pur sang du dieu qui lance le tonnerre...
J'entends gronder la foudre, et sens trembler la terre :
Un dieu vengeur, un dieu, fait retentir ces coups...

Acte V, Scène V.

PHÈDRE

… Ah ! douleur non encore éprouvée !
A quel nouveau tourment je me suis réservée !
Tout ce que j'ai souffert, mes craintes, mes transports,
La fureur de mes feux, l'horreur de mes remords,
Et d'un cruel refus l'insupportable injure,
N'étaient qu'un faible essai du tourment que j'endure.
Ils s'aiment ! Par quel charme ont-ils trompé mes yeux ?
Comment se sont-ils vus ? depuis quand ? dans quels
[lieux ?
Tu le savais : pourquoi me laissais-tu séduire ?
De leur furtive ardeur ne pouvais-tu m'instruire ?
Les a-t-on vus souvent se parler, se chercher ?
Dans le fond des forêts allaient-ils se cacher ?
Hélas ! ils se voyaient avec pleine licence :
Le ciel de leurs soupirs approuvait l'innocence ;
Ils suivaient sans remords leur penchant amoureux ;
Tous les jours se levaient clairs et sereins pour eux.
Et moi, triste rebut de la nature entière,
Je me cachais au jour, je fuyais la lumière ;
La mort est le seul dieu que j'osais implorer,
J'attendais le moment où j'allais expirer ;
Me nourrissant de fiel, de larmes abreuvée,
Encor, dans mon malheur de trop près observée,
Je n'osais dans mes pleurs me noyer à loisir.
Je goûtais en tremblant ce funeste plaisir ;
Et, sous un front serein déguisant mes alarmes,
Il fallait bien souvent me priver de mes larmes.

ŒNONE

Quel fruit recevront-ils de leurs vaines amours ?
Ils ne se verront plus.

       Ils s'aimeront toujours !
Au moment que je parle, ah, mortelle pensée !
Ils bravent la fureur d'une amante insensée !
Malgré ce même exil qui va les écarter,
Ils font mille serments de ne se point quitter...
Non, je ne puis souffrir un bonheur qui m'outrage ;
Œnone, prends pitié de ma jalouse rage.
Il faut perdre Aricie ; il faut de mon époux
Contre un sang odieux réveiller le courroux :
Qu'il ne se borne pas à des peines légères ;
Le crime de la sœur passe celui des frères.
Dans mes jaloux transports je le veux implorer.
Que fais-je ? où ma raison se va-t-elle égarer ?
Moi jalouse ! et Thésée est celui que j'implore !
Mon époux est vivant, et moi je brûle encore !
Pour qui ? quel est le cœur où prétendent mes vœux ?
Chaque mot sur mon front fait dresser mes cheveux.
Mes crimes désormais ont comblé la mesure,
Je respire à la fois l'inceste et l'imposture ;
Mes homicides mains, promptes à me venger,
Dans le sang innocent brûlent de se plonger.
Misérable ! et je vis ! et je soutiens la vue
De ce sacré Soleil dont je suis descendue !
J'ai pour aïeul le père et le maître des dieux ;
Le ciel, tout l'univers est plein de mes aïeux :
Où me cacher ? Fuyons dans la nuit infernale.
Mais que dis-je ? mon père y tient l'urne fatale ;
Le sort, dit-on, l'a mise en ses sévères mains :
Minos juge aux enfers tous les pâles humains.
Ah ! combien frémira son ombre épouvantée,
Lorsqu'il verra sa fille à ses yeux présentée,
Contrainte d'avouer mille forfaits divers,
Et des crimes peut-être inconnus aux enfers !
Que diras-tu, mon père, à ce spectacle horrible ?
Je crois voir de tes mains tomber l'urne terrible ;
Je crois te voir, cherchant un supplice nouveau,

Toi-même de ton sang devenir le bourreau...
Pardonne ; un dieu cruel a perdu ta famille ;
Reconnais sa vengeance aux fureurs de ta fille.
Hélas ! du crime affreux dont la honte me suit
Jamais mon triste cœur n'a recueilli le fruit :
Jusqu'au dernier soupir de malheurs poursuivie,
Je rends dans les tourments une pénible vie...

Acte IV, Scène VI.

ATHALIE

JOAD

... Cieux, écoutez ma voix ; terre, prête l'oreille.
Ne dis plus, ô Jacob, que ton Seigneur sommeille !
Pécheurs, disparaissez : le Seigneur se réveille.
Comment en un plomb vil l'or pur s'est-il changé ?
Quel est dans ce lieu saint ce pontife égorgé ?
Pleure, Jérusalem, pleure, cité perfide,
Des prophètes divins malheureuse homicide !
De ton amour pour toi ton Dieu s'est dépouillé ;
Ton encens à ses yeux est un encens souillé.
    Où menez-vous ces enfants et ces femmes ?
Le Seigneur a détruit la reine des cités,
Ses prêtres sont captifs, ses rois sont rejetés ;
Dieu ne veut plus qu'on vienne à ses solennités ;
Temple, renverse-toi ; cèdres, jetez des flammes.
    Jérusalem, objet de ma douleur,
Quelle main en un jour t'a ravi tous tes charmes ?
Qui changera mes yeux en deux sources de larmes
        Pour pleurer ton malheur ?...

Acte III, Scène VI.

267

Où sont les traits que tu lances,
Grand Dieu, dans ton juste courroux ?
N'es-tu plus le Dieu jaloux ?
N'es-tu plus le Dieu des vengeances ?
Où sont, Dieu de Jacob, tes antiques bontés ?
Dans l'horreur qui nous environne,
N'entends-tu que la voix de nos iniquités ?
N'es-tu plus le Dieu qui pardonne ?
Où sont, Dieu de Jacob, tes antiques bontés ?
C'est à toi que dans cette guerre
Les flèches des méchants prétendent s'adresser.
« Faisons, disent-ils, cesser
« Les fêtes de Dieu sur la terre ;
« De son joug importun délivrons les mortels ;
« Massacrons tous ses saints ; renversons ses autels,
« Que de son nom, que de sa gloire
« Il ne reste plus de mémoire ;
Que ni lui ni son Christ ne règnent plus sur nous.
Où sont les traits que tu lances,
Grand Dieu, dans ton juste courroux ?
N'es-tu plus le Dieu jaloux ?
N'es-tu plus le Dieu des vengeances ?
Triste reste de nos rois,
Chère et dernière fleur d'une tige si belle,
Hélas ! sous le couteau d'une mère cruelle
Te verrons-nous tomber une seconde fois ?
Prince aimable, dis-nous si quelque ange, au berceau,
Contre tes assassins prit soin de te défendre,
Ou si dans la nuit du tombeau
La voix du Dieu vivant a ranimé ta cendre ?
D'un père et d'un aïeul contre toi révoltés,
Grand Dieu, les attentats lui sont-ils imputés ?
Est-ce que sans retour ta pitié l'abandonne ?
Où sont, Dieu de Jacob, tes antiques bontés ?
N'es-tu plus le Dieu qui pardonne ?...

Acte IV, Scène VI.

Latouche

HEDERA

Anna, soyez l'arbuste aux vivantes racines
Qui sur un débris mort jette un printemps nouveau.
Venez parer mon deuil et verdir mes ruines :
Le lierre aime un vieux chêne, un désert, un tombeau.

Frais comme vous, le lierre à travers les épines
Glisse, et conquiert lui seul un antique château ;
Ou, confondu là-bas aux mousses enfantines,
Il invite à s'asseoir deux amis du coteau.

Venez : j'abriterai contre les vents, les grêles,
Vos jours, et le trésor de vos boutons si frêles
Pour de jeunes amours qu'il fleurisse demain.

Viens t'appuyer sur moi dans ta conscience altière...
Quand tu devrais briser, comme fait l'autre lierre,
Pour t'en former un sol, le dur ciment romain.

INTIMITÉ

O nuits, brûlantes nuits sous le nord frémissantes...

QUESTIONS AU DIABLE

Êtes-vous ce tyran des enfers de Virgile,
Qui sur un char de feu, du Cocyte élancé,
Pour atteindre une vierge, amoureux insensé,
Brûliez toutes les fleurs sur les prés de Sicile ?...

... Êtes-vous dans le ciel des astres le plus beau,
Le vainqueur de la nuit, l'étoile au doux flambeau,
Lucifer, devant qui le couple qui s'éveille
Échange en deux soupirs l'âme à l'âme pareille ?

DERNIÈRE ÉLÉGIE

Oh ! dites-moi, qu'est-elle devenue,
Dort-elle encor dans la paix des tombeaux,
Ou, compagne des vents et de l'errante nue,
Voit-elle un autre ciel et des astres plus beaux ?
Quand le printemps en fleur a couronné ces arbres,
Les chants du rossignol hâtent-ils son réveil ?
Son sein gémirait-il, pressé du poids des marbres,
L'écho du vieux torrent trouble-t-il son sommeil ?

Et quand Novembre, au cyprès solitaire,
Suspend la neige et nous glace d'effroi ;
Lorsque la pluie a pénétré la terre,
Sous son linceul se dit-elle : « J'ai froid ! »
Non ! Sa vie est encore errante en mille atomes.
        Objet de mes chastes serments
Tu n'as point revêtu la robe des fantômes,
Et tes restes encor me sont doux et charmants.

Vagues parfums, vous êtes son haleine ;
Balancements des flots, ses doux gémissements.
Dans la vapeur qui borde la fontaine
J'ai vu blanchir ses légers vêtements.
Oh ! dites-moi ! quand sur l'herbe fleurie
Glissent le soir les brises du printemps,
N'est-ce pas un accent de sa voix si chérie ?
N'est-ce pas dans les bois ses soupirs que j'entends ?

Lamartine

L'IMMORTALITÉ

... Les ombres à longs plis descendant des montagnes...
... Le chœur mystérieux des astres de la nuit...

LE VALLON

... La source de mes jours comme eux s'est écoulée ;
Elle a passé sans bruit, sans nom et sans retour :
Mais leur onde est limpide, et mon âme troublée
N'aura pas réfléchi la clarté d'un beau jour...

... Tes jours, sombres et courts comme les jours
[d'automne
Déclinent comme l'ombre au penchant des coteaux...

LE LAC

... Laissez-nous savourer les rapides délices
                Des plus beaux de nos jours !...
... Mais je demande en vain quelques moments encore,
                Le temps m'échappe et fuit...

LA GLOIRE

Aux rivages des morts avant que de descendre,
Ovide lève au ciel ses suppliantes mains...

LA FOI

... Soleil mystérieux, flambeau d'une autre sphère...

LA SEMAINE SAINTE

... Nautonniers sans étoile, abordez, c'est le port !...

LA CHUTE D'UN ANGE

... Au foyer d'un cœur pur concentrer ses tendresses,
De ses yeux, de sa main retenir les caresses,...
... Chercher à lui donner un nom, une figure,
La recréer cent fois, l'effacer à mesure,
Ne la trouver qu'en songe, et pleurer au réveil
Cet idéal amant que dissipe un soleil !...
... Dans l'oubli de ses sens où le sommeil la plonge,
Prendrai-je tant de soin de lui former un songe,
Et d'y faire apparaître avec des traits humains
Une image de moi que j'orne de mes mains...
... Un frère revêtu de ma splendeur divine...
... Il n'est plus pour mes yeux de ciel où tu n'es pas !
... Sœur jumelle de moi, que par un jeu barbare
Tant d'amour réunit, et l'infini sépare !...
... Il avait dans son âme entendu retentir
Ce cri : « L'arrêt divin n'a point de repentir.
Tombe, tombe à jamais, créature éclipsée !
Périsse ta splendeur jusque dans ta pensée !
Savoure jusqu'au rang le bonheur des humains :
Tu déchires ta gloire avec tes propres mains ;
Ta vie au fond du cœur n'aura pas l'espérance,
Tu n'auras pas comme eux la mort pour délivrance...

Nerval

FAUST

Des beaux jours écoulés j'aperçois les images,
Et mainte ombre chérie a descendu des cieux ;
Comme un feu ranimé, perçant la nuit des âges,
L'amour et l'amitié me repeuplent ces lieux.
... Cette voix qu'ils aimaient résonne plus touchante,
Mais elle ne peut plus pénétrer jusqu'aux morts ;
J'ai perdu d'amitié l'oreille bienveillante,
Et mon premier orgueil, et mes premiers accords !
Mes chants ont beau parler à la foule inconnue,
Ses applaudissements ne me sont qu'un vain bruit,
Et sur moi, si la joie est parfois descendue,
Elle semblait errer sur un monde détruit...

LES CHIMÈRES

MYRTHO

Je pense à toi, Myrtho, divine enchanteresse,
Au Pausilippe altier, de mille feux brillant,

A ton front inondé des clartés d'Orient,
Aux raisins noirs mêlés avec l'or de ta tresse.

C'est dans ta coupe aussi que j'avais bu l'ivresse,
Et dans l'éclair furtif de ton œil souriant,
Quand aux pieds d'Iacchus on me voyait priant,
Car la Muse m'a fait l'un des fils de la Grèce.

Je sais pourquoi là-bas le volcan s'est rouvert...
C'est qu'hier tu l'avais touché d'un pied agile,
Et de cendres soudain l'horizon s'est couvert.

Depuis qu'un duc normand brisa tes dieux d'argile,
Toujours, sous les rameaux du laurier de Virgile,
Le pâle hortensia s'unit au myrte vert !

HORUS

... « L'aigle a déjà passé, l'esprit nouveau m'appelle,
J'ai revêtu pour lui la robe de Cybèle...
C'est l'enfant bien-aimé d'Hermès et d'Osiris ! »

La déesse avait fui sur sa conque dorée,
La mer nous renvoyait son image adorée,
Et les cieux rayonnaient sous l'écharpe d'Iris.

DELFICA

La connais-tu, Daphné, cette ancienne romance,
Au pied du sycomore, ou sous les lauriers blancs,
Sous l'olivier, le myrte, ou les saules tremblants,
Cette chanson d'amour qui toujours recommence ?...

Reconnais-tu le TEMPLE au péristyle immense,
Et les citrons amers où s'imprimaient tes dents,
Et la grotte, fatale aux hôtes imprudents,
Où du dragon vaincu dort l'antique semence ?...

Ils reviendront, ces Dieux que tu pleures toujours !
Le temps va ramener l'ordre des anciens jours ;
La terre a tressailli d'un souffle prophétique...

Cependant la Sibylle au visage latin
Est endormie encor sous l'arc de Constantin
Et rien n'a dérangé le sévère portique.

ARTÉMIS

La Treizième revient... C'est encor la première ;
Et c'est toujours la seule, — ou c'est le seul moment ;
Car es-tu Reine, ô Toi ! la première ou dernière ?
Es-tu Roi, toi le seul ou le dernier amant ?...

Aimez qui vous aima du berceau dans la bière ;
Celle que j'aimai seul m'aime encor tendrement :
C'est la Mort — ou la Morte... O délice ! O tourment !
La rose qu'elle tient, c'est la *Rose trémière*.

Sainte napolitaine aux mains pleines de feux,
Rose au cœur violet, fleur de sainte Gudule :
As-tu trouvé ta Croix dans le désert des cieux ?

Roses blanches, tombez ! vous insultez nos Dieux,
Tombez, fantômes blancs, de votre ciel qui brûle :
— La Sainte de l'abîme est plus sainte à mes yeux !

LE CHRIST AUX OLIVIERS

II

Il reprit : « Tout est mort ! J'ai parcouru les mondes ;
Et j'ai perdu mon vol dans leurs chemins lactés,

277

Aussi loin que la vie, en ses veines fécondes,
Répand des sables d'or et des flots argentés :

Partout le sol désert côtoyé par des ondes,
Des tourbillons confus d'océans agités...
Un souffle vague émeut les sphères vagabondes,
Mais nul esprit n'existe en ces immensités.

En cherchant l'œil de Dieu je n'ai vu qu'une orbite
Vaste, noire et sans fond, d'où la nuit qui l'habite
Rayonne sur le monde et s'épaissit toujours.

Un arc-en-ciel étrange entoure ce puits sombre,
Seuil de l'ancien chaos dont le néant est l'ombre,
Spirale engloutissant les Mondes et les Jours !

III

Immobile Destin, muette sentinelle,
Froide Nécessité !... Hasard qui, t'avançant
Parmi les mondes morts sous la neige éternelle,
Refroidis, par degrés, l'univers pâlissant,

Sais-tu ce que tu fais, puissance originelle,
De tes soleils éteints, l'un l'autre se froissant...
Es-tu sûr de transmettre une haleine immortelle,
Entre un monde qui meurt et l'autre renaissant ?...

V

C'était bien lui, ce fou, cet insensé sublime...
Cet Icare oublié qui remontait les cieux,
Ce Phaéton perdu sous la foudre des dieux,
Ce bel Atys meurtri que Cybèle ranime !

L'augure interrogeait les flancs de la victime,
La terre s'enivrait de ce sang précieux...

L'univers étourdi penchait sur ses essieux,
Et l'Olympe un instant chancela vers l'abîme.

« Réponds ! criait César à Jupiter Ammon,
Quel est ce nouveau dieu qu'on impose à la terre ?
Et si ce n'est un dieu, c'est au moins un démon... »

Mais l'oracle invoqué pour jamais dut se taire ;
Un seul pouvait au monde expliquer ce mystère :
— Celui qui donna l'âme aux enfants du limon.

LA TÊTE ARMÉE

... Alors on vit sortir du fond du purgatoire
Un jeune homme inondé des pleurs de la Victoire,
Qui tendit sa main pure aux monarques des cieux ;

Frappés au flanc tous deux par un double mystère,
L'un répandait son sang pour féconder la Terre,
L'autre versait au ciel la semence des Dieux !

Hugo

LES CONTEMPLATIONS

A VILLEQUIER

... Je viens à vous, Seigneur, père auquel il faut croire ;
      Je vous porte, apaisé,
Les morceaux de ce cœur tout plein de votre gloire
      Que vous avez brisé...

... Je conviens que vous seul savez ce que vous faites,
Et que l'homme n'est rien qu'un jonc qui tremble au
                             [vent...
... Dès qu'il possède un bien, le sort le lui retire.
Rien ne lui fut donné, dans ses rapides jours,
Pour qu'il s'en puisse faire une demeure, et dire :
C'est ici ma maison, mon champ et mes amours !...

PAROLES SUR LA DUNE

Maintenant que mon temps décroît comme un flam-
                              [beau,
      Que mes tâches sont terminées ;
Maintenant que voici que je touche au tombeau
      Par les deuils et par les années...

280

Ne verrai-je plus rien de tout ce que j'aimais ?
Au dedans de moi le soir tombe...
... Et je pense, écoutant gémir le vent amer
Et l'onde aux plis infranchissables :
L'été rit, et l'on voit sur le bord de la mer
Fleurir le chardon bleu des sables...

VENI — VIDI — VICI

... O Seigneur, ouvrez-moi les portes de la nuit !...

LA LÉGENDE DES SIÈCLES

BOOZ ENDORMI

... Quel dieu, quel moissonneur de l'éternel été...

LES CHANSONS DES RUES ET DES BOIS

LE CHEVAL

... C'était le grand cheval de gloire
Né de la mer comme Astarté,
A qui l'Aurore donne à boire
Dans les urnes de la clarté...

... Les constellations en flamme
Frissonnaient à son cri vivant,

Comme dans la main d'une femme
Une lampe se courbe au vent...

FLORÉAL

... O feuillage, tu m'attires,
Un Dieu t'habite, et je crois
Que la danse des satyres
Tourne encore au fond des bois...

LES ÉTOILES FILANTES

... Est-ce le Dieu des désastres,
Le Sabaoth irrité,
Qui lapide avec des astres
Quelque soleil révolté ?...

LE CHÊNE DU PARC DÉTRUIT

... Je voyais la splendeur fière
Des frontons pleins de Césars,
Et des grands chevaux de pierre
Qui se cabraient sous des chars...

... La forêt, comme agrandie
Par les feux et les zéphirs,
Avait l'air d'un incendie
De rubis et de saphirs...

NIVÔSE

... Grêle et vent. La ramée
Tord ses bras rabougris ;
Là-bas fuit la fumée,

Blanche sous le ciel gris.
Une pâle dorure
Jaunit les coteaux froids...

AU CHEVAL

... Traverse tout, enfers, tombeaux,
Précipices, néants, mensonges,
Et qu'on entende tes sabots
Sonner sur le plafond des songes...

LA FIN DE SATAN

LE HIBOU

... Chevaux prodigieux dont le pas toujours fuit,
Et qui tirent le monde à travers l'âpre nuit...
... O vivants, fils du temps, de l'espace et du nombre...

LE VAUTOUR

... Hécate tient l'enfer, et comme un geôlier triste,
L'ombre Destin s'adosse au grand ciel constellé...
... Ainsi le monde, enfer, terre et cieux, plein de haines,
Est triple pour souffrir, et gémit sous trois chaînes...

... O déités, tenant sous leur pouvoir immonde
Les entrailles, le cœur et le cerveau du monde...
... Il est tombé, pleuré des filles de la mer...

Vigny

ELOA

... Je suis celui qu'on aime et qu'on ne connaît pas.
Sur l'homme j'ai fondé mon empire de flamme...
Dans les liens des corps, attraits mystérieux,
Dans les trésors du sang, dans les regards des yeux.
C'est moi qui fais parler l'épouse dans ses songes ;
La jeune fille heureuse apprend d'heureux mensonges ;
Je leur donne des nuits qui consolent des jours,
Je suis le roi secret des secrètes amours.
J'unis les cœurs, je romps les chaînes rigoureuses...
... J'ai pris au Créateur sa faible créature ;
Nous avons, malgré lui, partagé la nature :
Je le laisse, orgueilleux des bruits du jour vermeil,
Cacher des astres d'or sous l'éclat d'un soleil ;
Moi, j'ai l'ombre muette, et je donne à la terre
La volupté des soirs et les biens du mystère...

LES DESTINÉES

LA MAISON DU BERGER

... Les grands bois et les champs sont de vastes asiles,
Libres comme la mer autour des sombres îles...

... L'herbe élève à tes pieds son nuage des soirs,
Et le soupir d'adieu du soleil à la terre
Balance les beaux lis comme des encensoirs.
La forêt a voilé ses colonnes profondes,
La montagne se cache, et sur les pâles ondes
Le saule a suspendu ses chastes reposoirs.

Le crépuscule ami s'endort dans la vallée,
Sur l'herbe d'émeraude et sur l'or des gazons,
Sur les timides joncs de la source isolée
Et sous le bois rêveur qui tremble à l'horizon,
Se balance en fuyant, dans les grappes sauvages,
Jette son manteau gris sur le bord des rivages,
Et des fleurs de la nuit entr'ouvre la prison.

Il est sur ma montagne une épaisse bruyère
Où les pas du chasseur ont peine à se plonger,
Qui plus haut que nos fronts lève sa tête altière,
Et garde dans la nuit le pâtre et l'étranger.
Viens y cacher l'amour et ta divine faute...
... J'y roulerai pour toi la Maison du Berger...

... Et là, parmi les fleurs, nous trouverons dans l'ombre,
Pour nos cheveux unis, un lit silencieux...

... Tous les tableaux humains qu'un Esprit pur m'apporte
S'animeront pour toi quand, devant notre porte,
Les grands pays muets longuement s'étendront.

Nous marcherons ainsi, ne laissant que notre ombre
Sur cette terre ingrate où les morts ont passé ;
Nous nous parlerons d'eux à l'heure où tout est sombre,
Où tu te plais à suivre un chemin effacé,
A rêver, appuyée aux branches incertaines,
Pleurant, comme Diane au bord de ses fontaines,
Ton amour taciturne et toujours menacé.

Musset

VENISE

Dans Venise la rouge,
Pas un bateau qui bouge,
Pas un pêcheur dans l'eau,
    Pas un falot.

Seul, assis à la grève,
Le grand lion soulève,
Sur l'horizon serein,
    Son pied d'airain.

Autour de lui, par groupes,
Navires et chaloupes,
Pareils à des hérons
    Couchés en ronds,

Dorment sur l'eau qui fume,
Et croisent dans la brume,
En légers tourbillons,
    Leurs pavillons...

CHANSON

A Saint-Blaise, à la Zuecca,
Vous étiez, vous étiez bien aise
　　A Saint-Blaise,
A Saint-Blaise, à la Zuecca,
　　Nous étions bien là.

Mais de vous en souvenir
　　Prendrez-vous la peine ?
Mais de vous en souvenir
　　Et d'y revenir ?

A Saint-Blaise, à la Zuecca,
Dans les prés fleuris cueillir la verveine,
A Saint-Blaise, à la Zuecca,
　　Vivre et mourir là !

CHANSON DE BARBERINE

Beau chevalier qui partez pour la guerre,
　　Qu'allez-vous faire
　　Si loin d'ici ?
Voyez-vous pas que la nuit est profonde
　　Et que le monde
　　N'est que souci ?

Vous qui croyez qu'une amour délaissée
　　De la pensée
　　S'enfuit ainsi,

Hélas, hélas ! chercheurs de renommée,
        Votre fumée
        S'envole aussi.

Beau chevalier qui partez pour la guerre,
        Qu'allez-vous faire
        Si loin de nous ?
J'en vais pleurer, moi qui me laissais dire
        Que mon sourire
        Etait si doux.

SOUVENIR

... J'ai vu sous le soleil tomber bien d'autres choses
Que les feuilles des bois et l'écume des eaux,
Bien d'autres s'en aller que le parfum des roses
        Et le chant des oiseaux...

Baudelaire

UNE CHAROGNE

Rappelez-vous l'objet que nous vîmes, mon âme,
       Ce beau matin d'été si doux :
Au détour d'un sentier une charogne infâme
       Sur un lit semé de cailloux,

Les jambes en l'air, comme une femme lubrique,
       Brûlante et suant les poisons,
Ouvrant d'une façon nonchalante et cynique
       Son ventre plein d'exhalaisons.

Le soleil rayonnait sur cette pourriture,
       Comme afin de la cuire à point,
Et de rendre au centuple à la grande Nature
       Tout ce qu'ensemble elle avait joint ;

Et le ciel regardait la carcasse superbe
       Comme une fleur s'épanouir.
La puanteur était si forte, que sur l'herbe
       Vous crûtes vous évanouir.

Les mouches bourdonnaient sur ce ventre putride
       D'où sortaient de noirs bataillons

De larves, qui coulaient comme un épais liquide
       Le long de ces vivants haillons.

Tout cela descendait, montait comme une vague,
       Ou s'élançait en pétillant ;
On eût dit que le corps, enflé d'un souffle vague,
       Vivait en se multipliant.

Et le monde rendait une étrange musique,
       Comme l'eau courante et le vent,
Ou le grain qu'un vanneur d'un mouvement rythmique
       Agite et tourne dans son van.

Les formes s'effaçaient et n'étaient plus qu'un rêve,
       Une ébauche lente à venir,
Sur la toile oubliée, et que l'artiste achève
       Seulement par le souvenir.

Derrière les rochers une chienne inquiète
       Nous regardait d'un œil fâché,
Épiant le moment de reprendre au squelette
       Le morceau qu'elle avait lâché.

Et pourtant vous serez semblable à cette ordure,
       A cette horrible infection,
Étoile de mes yeux, soleil de ma nature,
       Vous, mon ange et ma passion !

Oui ! telle vous serez, ô la reine des grâces,
       Après les derniers sacrements,
Quand vous irez, sous l'herbe et les floraisons grasses,
       Moisir parmi les ossements,

Alors, ô ma beauté ! dites à la vermine
       Qui vous mangera de baisers,
Que j'ai gardé la forme et l'essence divine
       De mes amours décomposés !

SONNET

.. Je te donne ces vers afin que si mon nom
　Aborde heureusement aux époques lointaines,
　Et fait rêver un soir les cervelles humaines,
　Vaisseau favorisé par un grand aquilon,

　Ta mémoire, pareille aux fables incertaines,
　Fatigue le lecteur ainsi qu'un tympanon,
　Et par un fraternel et mystique chaînon
　Reste comme pendue à mes rimes hautaines ;

　Être maudit à qui, de l'abîme profond
　Jusqu'au plus haut du ciel, rien, hors moi, ne répond !
　— O toi qui, comme une ombre à la trace éphémère,

　Foules d'un pied léger et d'un regard serein
　Les stupides mortels qui t'ont jugée amère,
　Statue aux yeux de jais, grand ange au front d'airain !

BRUMES ET PLUIES

　O fins d'automne, hivers, printemps trempés de boue,
　Endormeuses saisons ! je vous aime et vous loue
　D'envelopper ainsi mon cœur et mon cerveau
　D'un linceul vaporeux et d'un vague tombeau.

　Dans cette grande plaine où l'autan froid se joue,
　Où par les longues nuits la girouette s'enroue,

Mon âme mieux qu'au temps du tiede renouveau
Ouvrira largement ses ailes de corbeau.

Rien n'est plus doux au cœur plein de choses funèbres,
Et sur qui dès longtemps descendent les frimas,
O blafardes saisons, reines de nos climats,

Que l'aspect permanent de vos pâles ténèbres,
— Si ce n'est, par un soir sans lune, deux à deux,
D'endormir la douleur sur un lit hasardeux.

LA MORT DES AMANTS

Nous aurons des lits pleins d'odeurs légères,
Des divans profonds comme des tombeaux,
Et d'étranges fleurs sur des étagères,
Écloses pour nous sous des cieux plus beaux.

Usant à l'envi leurs chaleurs dernières,
Nos deux cœurs seront deux vastes flambeaux,
Qui réfléchiront leurs doubles lumières
Dans nos deux esprits, ces miroirs jumeaux.

Un soir fait de rose et de bleu mystique,
Nous échangerons un éclair unique,
Comme un long sanglot, tout chargé d'adieux ;

Et plus tard un Ange entr'ouvrant les portes
Viendra ranimer, fidèle et joyeux,
Les miroirs ternis et les flammes mortes.

LA MORT DES PAUVRES

C'est la Mort qui console, hélas ! et qui fait vivre ;
C'est le but de la vie, et c'est le seul espoir
Qui, comme un élixir, nous monte et nous enivre,
Et nous donne le cœur de marcher jusqu'au soir ;

A travers la tempête, et la neige, et le givre,
C'est la clarté vibrante à notre horizon noir ;
C'est l'auberge fameuse inscrite sur le livre,
Où l'on pourra manger, et dormir, et s'asseoir ;

C'est un Ange qui tient dans ses doigts magnétiques
Le sommeil et le don des rêves extatiques
Et qui refait le lit des gens pauvres et nus ;

C'est la gloire des Dieux, c'est le grenier mystique,
C'est la bourse du pauvre et sa patrie antique,
C'est le portique ouvert sur les Cieux inconnus !

LA VIE ANTÉRIEURE

J'ai longtemps habité sous de vastes portiques
Que les soleils marins teignaient de mille feux,
Et que leurs grands piliers, droits et majestueux,
Rendaient pareils, le soir, aux grottes basaltiques.

Les houles, en roulant les images des cieux,
Mêlaient d'une façon solennelle et mystique

Les tout-puissants accords de leur riche musique
Aux couleurs du couchant reflété par mes yeux.

C'est là que j'ai vécu dans les voluptés calmes,
Au milieu de l'azur, des vagues, des splendeurs
Et des esclaves nus, tout imprégnés d'odeurs,

Qui me rafraîchissaient le front avec des palmes,
Et dont l'unique soin était d'approfondir
Le secret douloureux qui me faisait languir.

LE PORTRAIT

La Maladie et la Mort font des cendres
De tout le feu qui pour nous flamboya.
De ces grands yeux si fervents et si tendres,
De cette bouche où mon cœur se noya...

CHANT D'AUTOMNE

Bientôt nous plongerons dans les froides ténèbres ;
Adieu, vive clarté de nos étés trop courts !...

ALCHIMIE DE LA DOULEUR

... Hermès inconnu qui m'assistes...
... Par toi je change l'or en fer
  Et le paradis en enfer ;
  Dans le suaire des nuages

  Je découvre un cadavre cher,
  Et sur les célestes rivages
  Je bâtis de grands sarcophages.

RECUEILLEMENT

... Sois sage, ô ma Douleur, et tiens-toi plus tranquille.
  Tu réclamais le Soir ; il descend ; le voici...

... Et, comme un long linceul traînant à l'Orient,
  Entends, ma chère, entends la douce Nuit qui marche.

Rimbaud

SOLEIL ET CHAIR

… C'est la nymphe qui rêve, un coude sur son vase,
Au beau jeune homme blanc que son onde a pressé…

LE BATEAU IVRE

Comme je descendais des Fleuves impassibles,
Je ne me sentis plus guidé par les haleurs :
Des Peaux-Rouges criards les avaient pris pour cibles,
Les ayant cloués nus aux poteaux de couleur…

… Je sais les cieux crevant en éclairs, et les trombes
Et les ressacs et les courants ; je sais le soir,
L'aube exaltée ainsi qu'un peuple de colombes,
Et j'ai vu quelquefois ce que l'homme a cru voir…

… J'ai rêvé la nuit verte aux neiges éblouies,
Baisers montant aux yeux des mers avec lenteur,
La circulation des sèves inouïes,
Et l'éveil jaune et bleu des phosphores chanteurs.

... J'ai heurté, savez-vous ? d'incroyables Florides
Mêlant aux fleurs des yeux des panthères à peaux
D'hommes ! Des arcs-en-ciel tendus comme des brides,
Sous l'horizon des mers, à de glauques troupeaux...

... Glaciers, soleils d'argent, flots nacreux, cieux de
[braises,
Échouages hideux au fond des golfes bruns
Où les serpents géants dévorés des punaises
Choient, des arbres tordus, avec de noirs parfums !...

... Parfois, martyr lassé des pôles et des zones,
La mer, dont le sanglot faisait mon roulis doux,
Montait vers moi ses fleurs d'ombre aux ventouses
[jaunes
Et je restais, ainsi qu'une femme à genoux...

... Or moi, bateau perdu sous les cheveux des anses,
Jeté par l'ouragan dans l'éther sans oiseau,
Moi dont les Monitors et les voiliers des Hanses
N'auraient pas repêché la carcasse ivre d'eau ;

Libre, fumant, monté de brumes violettes,
Moi qui trouais le ciel rougeoyant comme un mur...

... J'ai vu des archipels sidéraux ! et des îles
Dont les cieux délirants sont ouverts au vogueur :
Est-ce en ces nuits sans fond que tu dors et t'exiles,
Million d'oiseaux d'or, ô future Vigueur ?

Mais, vrai, j'ai trop pleuré ! Les Aubes sont navrantes,
Toute lune est atroce et tout soleil amer.
L'âcre amour m'a gonflé de torpeurs enivrantes.
Oh ! que ma quille éclate ! Oh ! que j'aille à la mer !...

QUATRAIN

L'étoile a pleuré rose au cœur de tes oreilles,
L'infini roulé blanc de ta nuque à tes reins ;
La mer a perlé rousse à tes mammes vermeilles
Et l'Homme saigné noir à ton flanc souverain...

LES ILLUMINATIONS

CHANSON DE LA PLUS HAUTE TOUR

Oisive jeunesse
A tout asservie,
Par délicatesse
J'ai perdu ma vie.
Ah ! que le temps vienne
Où les cœurs s'éprennent !

Je me suis dit : laisse
Et qu'on ne te voie.
Et sans la promesse
De plus hautes joies.
Que rien ne t'arrête,
Auguste retraite.

J'ai tant fait patience
Qu'à jamais j'oublie.
Craintes et souffrances
Aux cieux sont parties,
Et la soif malsaine
Obscurcit mes veines.

Ainsi la prairie
A l'oubli livrée,
Grandie et fleurie
D'encens et d'ivraies
Au bourdon farouche
De cent sales mouches.

O mille veuvages
De la si pauvre âme
Qui n'a que l'image
De la Notre-Dame !
Est-ce que l'on prie
La Vierge Marie ?

Oisive jeunesse
A tout asservie,
Par délicatesse
J'ai perdu ma vie.
Ah ! que le temps vienne
Où les cœurs s'éprennent !

BONHEUR

O saisons, ô châteaux !
Quelle âme est sans défauts ?

O saisons, ô châteaux !

J'ai fait la magique étude
Du bonheur, que nul n'élude.

O vive lui, chaque fois
Que chante le coq gaulois.

Mais je n'aurai plus d'envie :
Il s'est chargé de ma vie.

300

Ce charme ! il prit âme et corps
Et dispersa tous efforts.

Que comprendre à ma parole ?
Il fait qu'elle fuit et vole !

O saisons, ô châteaux !

UNE SAISON EN ENFER

Elle est retrouvée !
Quoi ? L'Éternité.

Mon âme éternelle
Observe ton vœu
Malgré la nuit seule
Et le jour en feu...

(ARTHUR RIMBAUD, *Œuvres*.
Mercure de France, éditeur.)

Mallarmé

POÈME

... Un clair croissant perdu par une blanche nue
    Trempe sa corne calme en la glace des eaux...

ANGOISSE

... Je demande à ton lit le lourd sommeil sans songes
    Planant sous les rideaux inconnus du remords,
    Et que tu peux goûter après tes noirs mensonges
    Toi qui sur le néant en sais plus que les morts...

SONNET

... Ame au si clair foyer tremblante de m'asseoir.
    Pour revivre il suffit qu'à tes lèvres j'emprunte
    Le souffle.de mon nom murmuré tout un soir.

DON DU POÈME

Je t'apporte l'enfant d'une nuit d'Idumée...

RONDEL

Si tu veux nous nous aimerons
Avec tes lèvres sans le dire
Cette rose ne l'interromps
Qu'à verser un silence pire

Jamais de chants ne lancent prompts
Le scintillement du sourire
Si tu veux nous nous aimerons
Avec tes lèvres sans le dire

Muet muet entre les ronds
Sylphe dans la pourpre d'empire
Un baiser flambant se déchire
Jusqu'aux pointes des ailerons
Si tu veux nous nous aimerons.

SONNET

Le vierge, le vivace et le bel aujourd'hui
Va-t-il nous déchirer avec un coup d'aile ivre,
Ce lac dur oublié que hante sous le givre
Le transparent glacier des vols qui n'ont pas fui ?

Un cygne d'autrefois se souvient que c'est lui
Magnifique mais qui sans espoir se délivre
Pour n'avoir pas chanté la région où vivre
Quand du stérile hiver a resplendi l'ennui.

Tout son col secouera cette blanche agonie
Par l'espace infligée à l'oiseau qui le nie,
Mais non l'horreur du sol où le plumage est pris.

Fantôme qu'à ce lieu son pur éclat assigne,
Il s'immobilise au songe froid de mépris
Que vêt parmi l'exil inutile le Cygne.

BRISE MARINE

La chair est triste, hélas ! et j'ai lu tous les livres.
Fuir ! là-bas fuir ! Je sens que les oiseaux sont ivres
D'être parmi l'écume inconnue et les cieux !
Rien, ni les vieux jardins reflétés par les yeux
Ne retiendra ce cœur qui dans la mer se trempe
O nuits ! ni la clarté déserte de ma lampe

Sur le vide papier que la blancheur défend
Et ni la jeune femme allaitant son enfant.
Je partirai ! Steamer balançant ta mâture,
Lève l'ancre pour une exotique nature !

Un Ennui, désolé par les cruels espoirs,
Croit encore à l'adieu suprême des mouchoirs !
Et peut-être, les mâts, invitant les orages,
Sont-ils de ceux qu'un vent penche sur les naufrages
Perdus, sans mâts, sans mâts ni fertiles îlots...
Mais, ô mon cœur, entends le chant des matelots !

TRISTESSE D'ÉTÉ

Le soleil, sur le sable, ô lutteuse endormie,
En l'or de tes cheveux chauffe un bain langoureux
Et, consumant l'encens sur ta joue ennemie,
Il mêle avec les pleurs un breuvage amoureux.

De ce blanc Flamboiement l'immuable accalmie
T'a fait dire, attristée, ô mes baisers peureux,
« Nous ne serons jamais une seule momie
Sous l'antique désert et les palmiers heureux ! »

Mais ta chevelure est une rivière tiède,
Où noyer sans frissons l'âme qui nous obsède
Et trouver ce Néant que tu ne connais pas.

Je goûterai le fard pleuré par tes paupières
Pour voir s'il sait donner au cœur que tu frappas
L'insensibilité de l'azur et des pierres.

HÉRODIADE

(Fragment.)

... Oui, c'est pour moi, pour moi que je fleuris, déserte !
Vous le savez, jardins d'améthyste, enfouis
Sans fin dans de savants abîmes éblouis,
Ors ignorés, gardant votre antique lumière
Sous le sombre sommeil d'une terre première,

Vous pierres où mes yeux comme de purs bijoux
Empruntent leur clarté mélodieuse, et vous
Métaux qui donnez à ma jeune chevelure
Une splendeur fatale et sa massive allure !...

POÈME

Au seul souci de voyager,
Outre une Inde splendide et trouble
— Ce salut soit le messager
Du temps, cap que ta poupe double

Comme sur quelque vergue bas
Plongeante avec la caravelle
Écumait toujours en ébats
Un oiseau d'annonce nouvelle

Qui criait monotonement
Sans que la barre ne varie
Un inutile gisement
Nuit, désespoir et pierrerie.

Par son chant reflété jusqu'au
Sourire du pâle Vasco.

Péguy

LA RÉSURRECTION DES CORPS

Femme, vous m'entendez : quand les âmes des morts
S'en reviendront chercher dans les vieilles paroisses,
Après tant de bataille et parmi tant d'angoisses,
Le peu qui restera de leurs malheureux corps ;

Et quand se lèveront dans les champs de carnage
Tant de soldats péris pour des cités mortelles,
Et quand s'éveilleront du haut des citadelles
Tant de veilleurs sortis d'un terrible hivernage...

... Quand on n'entendra plus que le sourd craquement
D'un monde qui s'abat comme un échafaudage,
Quand le globe sera comme un baraquement
Plein de désuétude et de dévergondage ;

Quand l'immense maison des vivants et des morts
Ne pourra plus montrer que sa décrépitude,
Quand l'antique débat des faibles et des forts
Ne pourra plus montrer que son exactitude ;

Quand on n'entendra plus que le détraquement
D'un monde qui chancelle et qui se met par terre,
Et quand apparaîtra l'immense manquement
D'un sol toujours solide et toujours sédentaire ;

Et quand se lèveront dans les champs d'épandage
Tant de martyrs jetés dans les égouts de Rome,
Et quand se lèvera dans le cœur de tout homme
Le long ressouvenir de son vagabondage ;

Et quand sur le parvis des hautes cathédrales
Les peuples libérés des vastes nécropoles,
Dans Paris et dans Reims et dans les métropoles
Transporteront l'horreur des chambres sépulcrales...

... Quand ils s'assembleront sur les places publiques,
Quand ils s'entasseront sous un dernier portail,
Quand ils repasseront par les ormes du mail,
Quand ils resalueront les grandes républiques...

... Quand l'homme relevé de la plus vieille tombe
Écartera la ronce et les fleurs du hallier,
Quand il remontera le vétuste escalier
Où le pied du silence à chaque pas retombe ;

Quand l'homme reviendra dans son premier village
Chercher son ancien corps parmi ses compagnons
Dans ce modeste enclos où nous accompagnons
Les morts de la paroisse et ceux du voisinage ;

Quand il reconnaîtra ceux de son parentage
Modestement couchés à l'ombre de l'église,
Quand il retrouvera sous le jaune cytise
Les dix-huit pieds carrés qui faisaient son partage ;

Quand il retrouvera ceux de son héritage,
Et les fils de ses fils et tous ceux de son sang,
Et les cousins germains et tous ceux de son rang,
Comme ils venaient en bande aux jours de mariage...

... Quand tout retrouvera sa maison et sa race,
Au moment de les perdre, ou de les conserver,

Quand tout reconnaîtra la raison et la grâce,
Au moment de la perdre, ou de la retrouver...

... Quand les ressuscités s'en iront par les bourgs,
Encor tout ébaubis et cherchant leur chemin,
Et les yeux éblouis et se tenant la main,
Et reconnaissant mal ces tours et ces détours

Des sentiers qui menaient leur candide jeunesse,
Encor tout ébahis que ce jour soit venu,
Encor tout assaillis du regret revenu,
Et reconnaissant mal, avant que l'aube naisse,

Ces sentiers qui menaient leur enfance première,
Encor tout démolis d'être ainsi revenus,
Et reconnaissant mal ces corps pauvres et nus,
Et reconnaissant mal cette vieille chaumière

Et ces sentiers fleuris qui menaient leur tendresse,
Et les anciens lilas dans les vieilles venelles,
Et la rose et l'œillet et tant de fleurs charnelles,
Avant que de monter jusqu'aux fleurs de hautesse ;

Quand ils avanceront dans la nuit éternelle,
Tâtant des mains les murs et cherchant leur chemin,
Quand ils se lèveront pour le seul examen
Qui vienne après la mort et se repose en elle...

... Quand ils s'avanceront dans cette adversité,
Tout désaccoutumés des chemins de la terre,
Tout déshabitués de l'antique cité
Qui posait sur les fronts un ordre salutaire ;

Quand on n'entendra plus que le démembrement
D'un monde qui s'en va comme un écartelé,
Quand on ne verra plus que le délabrement
D'un monde qui s'abat comme un mur craquelé ;

Quand vos enfants perdus, aïeule volontaire,
Chemineront le long de leurs anciens labours,
Et quand ils passeront le long des anciens jours,
Et sur le beau chemin devant le presbytère ;

Quand ils s'avanceront dans la nuit éternelle,
Encor tout étonnés d'être ainsi dans leur corps,
Et dans l'ancien scrupule et dans l'ancien remords,
Et d'être retournés dans la raideur charnelle...

Quand ils reconnaîtront les jours de leur détresse,
Plus profonds et plus beaux que les jours de bonheur,
Quand ils retrouveront les jours de leur honneur,
Plus durs et plus aimés que les jours de liesse ;

Quand ils verront l'autel et les premiers degrés,
Quand ils verront le temple et les premières marches,
Quand ils verront le seuil et les marbres sacrés
Et la brique romaine et la voûte et les arches

Du vieux pont qui menait leur caduque allégresse,
Quand ils chemineront tout le long du fossé,
Quand ils retrouveront dans les jours du passé
Les jours de leur candeur et de leur maladresse,

Quand ils s'avanceront tout le long du rempart,
Quand ils regarderont les hautes cheminées,
Tout gauches, tout perdus, percés de part en part
Par le ressouvenir des anciennes années...

... Quand dans le même lieu les plus hauts personnages
Ne seront pas plus grands que les derniers venus,
Quand les dais les plus lourds et les plus saugrenus
Ne vaudront pas plus cher que de pauvres ménages,

Quand vos enfants perdus, ô reine de misère,
S'avanceront ainsi le long des anciens bois,
Quand ils s'enfonceront pour la dernière fois
Dans la route commune et pourtant solitaire...

... Quand ils s'avanceront dans l'éternelle nuit,
Quand ils auront passé devant le four banal,
Et le moulin à vent et le pré communal,
Comme ils allaient en bande aux messes de minuit,

Quand ils auront passé devant le maréchal,
Et la forge et l'enclume et le bras séculier,
Quand ils se heurteront au coin d'un espalier,
Encor tout endormis et reconnaissant mal

Ces sentiers qui menaient leur naïve rudesse,
Et quand ils trembleront dans ce dernier trépas,
Pourrez-vous allumer pour éclairer leurs pas,
Dans cette incertitude et dans cette faiblesse,

Aïeule du lépreux et du grand sénéchal,
Saurez-vous retrouver dans cet encombrement,
Pourrez-vous allumer dans cet égarement
Pour éclairer leurs pas quelque pauvre fanal,

Et quand ils passeront sous la vieille poterne,
Aurez-vous retrouvé pour ces gamins des rues,
Et pour ces vétérans et ces jeunes recrues,
Pour éclairer leurs pas quelque vieille lanterne :

Aurez-vous retrouvé dans vos forces décrues
Le peu qu'il en fallait pour mener cette troupe
Et pour mener ce deuil et pour mener ce groupe
Dans le recordement des routes disparues.

HEUREUX CEUX QUI SONT MORTS

Heureux ceux qui sont morts pour la terre charnelle
Mais pourvu que ce fût dans une juste guerre.

Heureux ceux qui sont morts pour quatre coins de terre.
Heureux ceux qui sont morts d'une mort solennelle.

Heureux ceux qui sont morts dans les grandes batailles,
Couchés dessus le sol à la face de Dieu.
Heureux ceux qui sont morts sur un dernier haut lieu,
Parmi tout l'appareil des grandes funérailles.

Heureux ceux qui sont morts pour des cités charnelles.
Car elles sont le corps de la cité de Dieu.
Heureux ceux qui sont morts pour leur âtre et leur feu,
Et les pauvres honneurs des maisons paternelles.

Car elles sont l'image et le commencement.
Et le corps et l'essai de la maison de Dieu.
Heureux ceux qui sont morts dans cet embrassement.
Dans l'étreinte d'honneur et le terrestre aveu.

Car cet aveu d'honneur est le commencement
Et le premier essai d'un éternel aveu.
Heureux ceux qui sont morts dans cet écrasement,
Dans l'accomplissement de ce terrestre vœu.

Car ce vœu de la terre est le commencement
Et le premier essai d'une fidélité.
Heureux ceux qui sont morts dans ce couronnement
Et cette obéissance et cette humilité.

Heureux ceux qui sont morts, car ils sont retournés
Dans la première argile et la première terre.
Heureux ceux qui sont morts dans une juste guerre.
Heureux les épis mûrs et les blés moissonnés.

Apollinaire

LA CHANSON DU MAL-AIMÉ

Un soir de demi-brume à Londres
Un voyou qui ressemblait à
Mon amour vint à ma rencontre
Et le regard qu'il me jeta
Me fit baisser les yeux de honte

Je suivis ce mauvais garçon
Qui sifflotait mains dans les poches
Nous semblions entre les maisons
Onde ouverte de la Mer Rouge
Lui les Hébreux moi Pharaon

Que tombent ces vagues de brique
Si tu ne fus pas bien-aimée
Je suis le souverain d'Égypte
Sa sœur-épouse son armée
Si tu n'es pas l'amour unique

Au tournant d'une rue brûlant
De tous les feux de ses façades
Plaies du brouillard sanguinolent
Où se lamentaient les façades
Une femme lui ressemblant

C'était son regard d'inhumaine
La cicatrice à son cou nu
Sortit saoule d'une taverne
Au moment où je reconnus
La fausseté de l'amour même

Lorsqu'il fut de retour enfin
Dans sa patrie le sage Ulysse
Son vieux chien de lui se souvint
Près d'un tapis de haute lisse
Sa femme attendait qu'il revînt

L'époux royal de Sacontale
Las de vaincre se réjouit
Quand il la retrouva plus pâle
D'attente et d'amour yeux pâlis
Caressant sa gazelle mâle

J'ai pensé à ces rois heureux
Lorsque le faux amour et celle
Dont je suis encore amoureux
Heurtant leurs ombres infidèles
Me rendirent si malheureux

Regrets sur quoi l'enfer se fonde
Qu'un ciel d'oubli s'ouvre à mes vœux
Pour son baiser les rois du monde
Seraient morts les pauvres fameux
Pour elle eussent vendu leur ombre

J'ai hiverné dans mon passé
Revienne le soleil de Pâques
Pour chauffer un cœur plus glacé
Que les quarante de Sébaste
Moins que ma vie martyrisée

Mon beau navire ô ma mémoire
Avons-nous assez navigué

Dans une onde mauvaise à boire
Avons-nous assez divagué
De la belle aube au triste soir

Adieu faux amour confondu
Avec la femme qui s'éloigne
Avec celle que j'ai perdue
L'année dernière en Allemagne
Et que je ne reverrai plus

Voie lactée ô sœur lumineuse
Des blancs ruisseaux de Chanaan
Et des corps blancs des amoureuses
Nageurs morts suivrons-nous d'ahan
Ton cours vers d'autres nébuleuses

Je me souviens d'une autre année
C'était l'aube d'un jour d'avril
J'ai chanté ma joie bien-aimée
Chanté l'amour à voix virile
Au moment d'amour de l'année...

... L'amour est mort j'en suis tremblant
J'adore de belles idoles
Les souvenirs lui ressemblant
Comme la femme de Mausole
Je reste fidèle et dolent...

... Mais en vérité je l'attends
Avec mon cœur avec mon âme
Et sur le pont des Reviens-t'en
Si jamais revient cette femme
Je lui dirai je suis content

Mon cœur et ma tête se vident
Tout le ciel s'écoule par eux
O mes tonneaux des Danaïdes

Comment faire pour être heureux
Comme un petit enfant candide

Je ne veux jamais l'oublier
Ma colombe ma blanche rade
O marguerite exfoliée
Mon île au loin ma Désirade
Ma rose mon giroflier

Les satyres et les pyraustes
Les égypans les feux follets
Et les destins damnés ou faustes
La corde au cou comme à Calais
Sur ma douleur quel holocauste

Douleur qui doubles les destins
La licorne et le capricorne
Mon âme et mon corps incertain
Te fuient ô bûcher divin qu'ornent
Des astres des fleurs du matin

Malheur dieu pâle aux yeux d'ivoire
Tes prêtres fous t'ont-ils paré
Tes victimes en robe noire
Ont-ils vainement pleuré
Malheur dieu qu'il ne faut pas croire

Et toi qui me suis en rampant
Dieu de mes dieux morts en automne
Tu mesures combien d'empans
J'ai droit que la terre me donne
O mon ombre ô mon vieux serpent

Au soleil parce que tu l'aimes
Je t'ai menée souviens-t'en bien
Ténébreuse épouse que j'aime
Tu es à moi en n'étant rien
O mon ombre en deuil de moi-même...

... L'hiver est mort tout enneigé
   On a brûlé les ruches blanches
   Dans les jardins et les vergers
   Les oiseaux chantent sur les branches
   Le printemps clair l'avril léger...

... Voie lactée ô sœur lumineuse
   Des blancs ruisseaux de Chanaan
   Et des corps blancs des amoureuses
   Nageurs morts suivrons-nous d'ahan
   Ton cours vers d'autres nébuleuses

   Juin ton soleil ardente lyre
   Brûle mes doigts endoloris
   Triste et mélodieux délire
   J'erre à travers mon beau Paris
   Sans avoir le cœur d'y mourir

   Les dimanches s'y éternisent
   Et les orgues de Barbarie
   Y sanglotent dans les cours grises
   Les fleurs aux balcons de Paris
   Penchent comme la tour de Pise

   Soirs de Paris ivres du gin
   Flambant de l'électricité
   Les tramways feux verts sur l'échine
   Musiquent au long des portées
   De rails leur folie de machines

   Les cafés gonflés de fumée
   Crient tout l'amour de leurs tziganes
   De tous leurs siphons enrhumés
   De leurs garçons vêtus d'un pagne
   Vers toi toi que j'ai tant aimée

   Moi qui sais des lais pour des reines
   Les complaintes de mes années

Des hymnes d'esclave aux murènes
La romance du mal-aimé
Et des chansons pour les sirènes

CLOTILDE

L'anémone et l'ancolie
Ont poussé dans le jardin
Où dort la mélancolie
Entre l'amour et le dédain

Il y vient aussi nos ombres
Que la nuit dissipera
Le soleil qui les rend sombres
Avec elles disparaîtra

Les déités des eaux vives
Laissent couler leurs cheveux
Passe il faut que tu poursuives
Cette belle ombre que tu veux

LE PONT MIRABEAU

Sous le pont Mirabeau coule la Seine
Et nos amours
Faut-il qu'il m'en souvienne
La joie venait toujours après la peine

Vienne la nuit sonne l'heure
Les jours s'en vont je demeure

Les mains dans les mains restons face à face
Tandis que sous
Le pont de nos bras passe
Des éternels regards l'onde si lasse

Vienne la nuit sonne l'heure
Les jours s'en vont je demeure

L'amour s'en va comme cette eau courante
L'amour s'en va
Comme la vie est lente
Et comme l'Espérance est violente

Vienne la nuit sonne l'heure
Les jours s'en vont je demeure

Passent les jours et passent les semaines
Ni temps passé
Ni les amours reviennent
Sous le pont Mirabeau coule la Seine

Vienne la nuit sonne l'heure
Les jours s'en vont je demeure

C'EST LOU QU'ON LA NOMMAIT

Il est des loups de toute sorte
Je connais le plus inhumain
Mon cœur que le diable l'emporte
Et qu'il le dépose à sa porte
N'est plus qu'un jouet dans sa main

Les loups jadis étaient fidèles
Comme sont les petits toutous
Et les soldats amants des belles
Galamment en souvenir d'elles
Ainsi que les loups étaient doux

Mais aujourd'hui les temps sont pires
Les loups sont tigres devenus
Et les soldats et les Empires
Les Césars devenus Vampires
Sont aussi cruels que Vénus

J'en ai pris mon parti Rouveyre
Et monté sur un grand cheval
Je vais bientôt partir en guerre
Sans pitié chaste et l'œil sévère
Comme ces guerriers qu'Epinal

Vendait images populaires
Que Georgin gravait dans le bois
Où sont-ils ces beaux militaires
Soldats passés Où sont les guerres
Où sont les guerres d'autrefois

L'IGNORANCE

ICARE

... Et j'ai pris mon essor vers ta face splendide
Les horizons terrestres se sont étalés
Des déserts de Libye aux palus méotides
Et des sources du Nil aux brumes de Thulé. .

UN PATRE

Je vois un dieu oblong flotter sous le soleil,
Puisse le premier dieu visible s'en aller
Et si c'était un dieu mourant cette merveille
Prions qu'il tombe ailleurs que dans notre vallée.

ICARE

Pour éviter la nuit, ta mère incestueuse,
Dieu circulaire et bon je flotte entre les nues
Loin de la terre où vient, stellaire et somptueuse,
La nuit cette inconnue parmi les inconnus...

BATELIERS

Un dieu choit dans la mer, un dieu nu, les mains vides
Au semblant des noyés il ira sur une île
Pourrir face tournée vers le soleil splendide...

TRISTESSE D'UNE ÉTOILE

Une belle Minerve est l'enfant de ma tête
Une étoile de sang me couronne à jamais
La raison est au fond et le ciel est au faîte
Du chef où dès longtemps Déesse tu t'armais

C'est pourquoi de mes maux ce n'était pas le pire
Ce trou presque mortel et qui s'est étoilé
Mais le secret malheur qui nourrit mon délire
Est bien plus grand qu'aucune âme ait jamais celé

Et je porte avec moi cette ardente souffrance
Comme le ver luisant tient son corps enflammé
Comme au cœur du soldat il palpite la France
Et comme au cœur du lys le pollen parfumé

LA VICTOIRE

... La mer qui a trahi des matelots sans nombre
Engloutit mes grands cris comme des dieux noyés
Et la mer au soleil ne supporte que l'ombre
Que jettent des oiseaux les ailes éployées...

Valéry

LA JEUNE PARQUE

... Tout-puissants étrangers, inévitables astres
Qui daignez faire luire au lointain temporel
Je ne sais quoi de pur et de surnaturel ;
Vous qui dans les mortels plongez jusques aux larmes
Ces souverains éclats, ces invincibles armes,
Et les élancements de votre éternité,
Je suis seule avec vous, tremblante, ayant quitté
Ma couche ; et sur l'écueil mordu par la merveille,
J'interroge mon cœur quelle douleur l'éveille,
Quel crime par moi-même ou sur moi consommé ?...

CANTIQUE DES COLONNES

Douces colonnes, aux
Chapeaux garnis de jour,
Ornés de vrais oiseaux
Qui marchent sur le tour,

Douces colonnes, ô
L'orchestre de fuseaux !
Chacune immole son
Silence à l'unisson.

Que portez-vous si haut,
Égales radieuses ?
— Au désir sans défaut
Nos grâces studieuses !

Nous chantons à la fois
Que nous portons les cieux !
O seule et sage voix
Qui chante pour les yeux !

Vois quels hymnes candides !
Quelle sonorité
Nos éléments limpides
Tirent de la clarté !

Si froides et dorées
Nous fûmes de nos lits
Par le ciseau tirées
Pour devenir ces lys !

De nos lits de cristal
Nous fûmes éveillées,
Des griffes de métal
Nous ont appareillées.

Pour affronter la lune,
La lune et le soleil,
On nous polit chacune
Comme ongle de l'orteil !

Servantes sans genoux,
Sourires sans figures,
La belle devant nous
Se sent les jambes pures,

Pieusement pareilles,
Le nez sous le bandeau
Et nos riches oreilles
Sourdes au blanc fardeau,

Un temple sur les yeux
Noirs pour l'éternité,
Nous allons sans les dieux
A la divinité !

Nos antiques jeunesses,
Chair mate et belles ombres,
Sont fières des finesses
Qui naissent par les nombres !

Filles des nombres d'or,
Fortes des lois du ciel,
Sur nous tombe et s'endort
Un dieu couleur de miel.

Il dort content, le jour,
Que chaque jour offrons
Sur la table d'amour
Étale sur nos fronts.

Incorruptibles sœurs,
Mi-brûlantes, mi-fraîches,
Nous prîmes pour danseurs
Brises et feuilles sèches,

Et les siècles par dix
Et les peuples passés,
C'est un profond jadis,
Jadis jamais assez !

Sous nos mêmes amours
Plus lourdes que le monde,

Nous traversons les jours
Comme une pierre l'onde !

Nous marchons dans le temps
Et nos corps éclatants
Ont des pas ineffables
Qui marquent dans les fables...

FRAGMENTS DE NARCISSE

I

... Heureux vos corps fondus, Eaux planes et profondes !
Je suis seul !... Si les Dieux, les échos et les ondes
Et si tant de soupirs permettent qu'on le soit !
Seul !... mais encor celui qui s'approche de soi
Quand il s'approche aux bords que bénit ce feuillage...
Des cimes, l'air déjà cesse le pur pillage :
La voix des sources change, et me parle du soir ;
Un grand calme m'écoute, où j'écoute l'espoir.
J'entends l'herbe des nuits croître dans l'ombre sainte,
Et la lune perfide élève son miroir
Jusque dans les secrets de la fontaine éteinte...
Jusque dans les secrets que je crains de savoir,
Jusque dans le repli de l'amour de soi-même,
Rien ne peut échapper au silence du soir...
La nuit vient sur ma chair lui souffler que je l'aime.
Sa voix fraîche à mes vœux tremble de consentir ;
A peine, dans la brise, elle semble mentir,
Tant le frémissement de son temple tacite
Conspire au spacieux silence d'un tel site.

O douceur de survivre à la force du jour,
Quand elle se retire enfin rose d'amour,

Encore un peu brûlante, et lasse, mais comblée,
Et de tant de trésors tendrement accablée
Par de tels souvenirs qu'ils empourprent sa mort,
Et qu'ils la font heureuse agenouiller dans l'or,
Puis s'étendre, se fondre, et perdre sa vendange,
Et s'éteindre en un songe en qui le soir se change.

Quelle perte en soi-même offre un si calme lieu !
L'âme, jusqu'à périr, s'y penche pour un Dieu
Qu'elle demande à l'onde, onde déserte et digne
Sur son lustre, du lisse effacement d'un cygne...

A cette onde jamais ne burent les troupeaux !
D'autres, ici perdus, trouveraient le repos,
Et dans la sombre terre, un clair tombeau qui s'ouvre...
Mais ce n'est pas le calme, hélas ! que j'y découvre !
Quand l'opaque délice où dort cette clarté
Cède à mon corps l'horreur du feuillage écarté,
Alors, vainqueur de l'ombre, ô mon corps tyrannique,
Repoussant aux forêts leur épaisseur panique
Tu regrettes bientôt leur éternelle nuit !
Pour l'inquiet Narcisse il n'est ici qu'ennui !
Tout m'appelle et m'enchaîne à la chair lumineuse
Que m'oppose des eaux la paix vertigineuse !

Que je déplore ton éclat fatal et pur,
Si mollement de moi fontaine environnée,
Où puisèrent mes yeux dans un mortel azur
Les yeux mêmes et noirs de leur âme étonnée.

Profondeur, profondeur, songes qui me voyez
       Comme ils verraient une autre vie,
Dites, ne suis-je pas celui que vous croyez,
       Votre corps vous fait-il envie ?
Cessez, sombres esprits, cet ouvrage anxieux
       Qui se fait dans l'âme qui veille ;
Ne cherchez pas en vous, n'allez surprendre aux cieux
       Le malheur d'être une merveille :
Trouvez dans la fontaine un corps délicieux...

Fontaine, ma fontaine, eau froidement présente,
Douce aux purs animaux, aux humains complaisante
Qui d'eux-mêmes tentés cherchent au fond la mort,
Tout est songe pour toi, Sœur tranquille du Sort !
A peine en souvenir change-t-il un présage,
Que pareille sans cesse à son fuyant visage,
Sitôt de ton sommeil les cieux te sont ravis !
Mais si pure tu sois des êtres que tu vis,
Onde, sur qui les ans passent comme les nues,
Que de choses pourtant doivent t'être connues,
Astres, roses, saisons, les corps et leurs amours !

Claire, mais si profonde, une nymphe toujours
Effleurée et vivant de tout ce qui l'approche,
Nourrit quelque sagesse à l'abri de sa roche,
A l'ombre de ce jour qu'elle peint sous les bois.
Elle sait à jamais les choses d'une fois...
O présence pensive, eau calme qui recueilles
Tout un sombre trésor de fables et de feuilles.
L'oiseau mort, le fruit mûr, lentement descendus,
Et les rares lueurs des clairs anneaux perdus.
Tu consommes en toi leur perte solennelle ;
Mais sur la pureté de ta face éternelle
L'amour passe et périt...

                    Quand le feuillage épars
Tremble, commence à fuir, pleure de toutes parts,
Tu vois du sombre amour s'y mêler la tourmente,
L'amant brûlant et dur ceindre la blanche amante,
Vaincre l'âme... Et tu sais selon quelle douceur
Sa main puissante passe à travers l'épaisseur
Des tresses que répand la nuque précieuse,
S'y repose ; et se sent forte et mystérieuse ;
Elle parle à l'épaule et règne sur la chair.
    Alors les yeux fermés à l'éternel éther

Ne voient plus que le sang qui dore leurs paupières ;
Sa pourpre redoutable obscurcit les lumières
D'un couple aux pieds confus qui se mêle, et se ment.
Ils gémissent... La Terre appelle doucement
Ces grands corps chancelants qui luttent bouche à
[bouche,
Et qui du vierge sable osant battre la couche,
Composeront d'amour un monstre qui se meurt...
Leurs souffles ne font plus qu'une heureuse rumeur,
L'âme croit respirer l'âme toute prochaine,
Mais tu sais mieux que moi, vénérable fontaine,
Quels fruits forment toujours ces moments enchantés !

    Car, à peine les cœurs calmes et contentés
D'une ardente alliance expirée en délices,
Des amants détachés tu mires les malices,
Tu vois poindre des jours de mensonges tissus
Et naître mille maux trop tendrement conçus !

    Bientôt, mon onde sage, infidèle et la même,
Le Temps mène ces fous qui crurent que l'on aime
Redire à tes roseaux de plus profonds soupirs !
Vers toi, leurs tristes pas suivent leurs souvenirs...

    Sur tes bords, accablés d'ombres et de faiblesse,
Tout éblouis d'un ciel dont la beauté les blesse
Tant il garde l'éclat de leurs jours les plus beaux,
Ils vont des biens perdus trouver tous les tombeaux...
« Cette place dans l'ombre était tranquille et nôtre ! »
« L'autre aimait ce cyprès, se dit le cœur de l'autre,
« Et d'ici nous goûtions le souffle de la mer ! »
Hélas ! la rose même est amère dans l'air...
Moins amers les parfums des suprêmes fumées
Qu'abandonnent au vent les feuilles consumées !...

Mais moi, Narcisse aimé, je ne suis curieux
        Que de ma seule essence ;
Tout autre n'a pour moi qu'un cœur mystérieux,
        Tout autre n'est qu'absence.

O mon bien souverain, cher corps, je n'ai que toi !
Le plus beau des mortels ne peut chérir que soi...

Douce et dorée, est-il une idole plus sainte,
De toute une forêt qui se consume, ceinte,
Et sise dans l'azur vivant par tant d'oiseaux ?
Est-il don plus divin de la faveur des eaux,
Et d'un jour qui se meurt plus adorable usage
Que de rendre à mes yeux l'honneur de mon visage ?
Naisse donc entre nous que la lumière unit
De grâce et de silence un échange infini !

   Je vous salue, enfant de mon âme et de l'onde,
Cher trésor d'un miroir qui partage le monde !
Ma tendresse y vient boire, et s'enivre de voir
Un désir sur soi-même essayer son pouvoir !
   O qu'à tous mes souhaits, que vous êtes semblable !
Mais la fragilité vous fait inviolable,
Vous n'êtes que lumière, adorable moitié
D'une amour trop pareille à la faible amitié !

   Hélas ! la nymphe même a séparé nos charmes !
Puis-je espérer de toi que de vaines alarmes ?
Qu'ils sont doux les périls que nous pourrions choisir !
Se surprendre soi-même et soi-même saisir,
Nos mains s'entre-mêler, nos maux s'entre-détruire,
Nos silences longtemps de leurs songes s'instruire,
La même nuit en pleurs confondre nos yeux clos,
Et nos bras refermés sur les mêmes sanglots,
Étreindre un même cœur, d'amour prêt à se fondre...
   Quitte enfin le silence, ose enfin me répondre,
Bel et cruel Narcisse, inaccessible enfant,
Tout orné de mes biens que la nymphe défend...

Maurras

LE MYSTÈRE D'ULYSSE

... — Aborde à ma prairie, Ulysse magnanime.
N'es-tu point fatigué d'ensemencer le flot
Et, du courroux des Dieux dangereuse victime,
D'exténuer en vain tes pauvres matelots ?

Habiles à tisser un nuage de gloire,
Les conseils de Pallas étendent ton erreur.
Ont-ils assez menti ? Tu ne peux plus les croire,
Viens à la vérité qui t'ouvre le bonheur.

Je t'apprendrai le sort de tes compagnons d'armes,
Sur les champs du carnage où beaucoup sont restés,
Des veuves des Troyens je te dirai les larmes
Aux premières douceurs de leur captivité.

Ton roi des rois succombe au lit de l'infidèle
Qui du lambeau de pourpre enveloppa son fer :
Il entend résonner les maisons paternelles
De plus de trahisons que n'en punit l'enfer.

Ne crains pas que j'oublie une épouse obstinée
Sur l'antique olivier de vos jeux nuptiaux :
Elle n'a rien subi que le vol des années,
Mais, Ulysse, elle ignore et tes biens et tes maux !

Mon cœur est plus savant que la Muse elle-même
Que Mémoire sa mère instruisit tout au plus
Du bruit de vos combats et de tes stratagèmes :
Où se tait votre histoire elle ne chante plus.

Je ris de son silence et de toi je m'empare !
L'impure Océanide au soleil languissant
Du plus sage des Grecs dit le songe barbare
Et l'âcre volupté qui lui brûle le sang.

Comme le Dieu d'en bas qu'a voulu Proserpine
Est du Tartare noir au grand jour emporté,
J'élève au ciel sacré des paroles divines
Ce qui rampe et mugit dans tes obscurités !

Puissé-je t'emporter au delà de ton âme !
O captif entravé des formes d'un destin,
Toi-même as découvert aux cendres de ta flamme
Les Ulysses nombreux que ta rigueur éteint :

Pourquoi serrer ta vie à la maigre colonne
Où Sagesse et Vertu t'enchaînent de leurs nœuds ?
Il reste à consoler, plus faibles que personne,
Ces Ulysses troublés, déments ou furieux.

Le peuple des désirs agite la nature,
Mais un chemin qui monte au-dessus de la mer
Tôt ou tard les conduit au centre des figures
Que les dieux en dansant décrivent dans l'éther.

Par delà ces flambeaux, esclaves magnifiques
Réduits à tournoyer dans l'orbe d'une loi,
Mon cœur t'épanouit et mon regard t'explique
Les belles libertés qui sont faites pour toi.

Résigne les fardeaux, ton sceptre, ta couronne
Et ta coque de noix sur les flots écumeux !

A ton cœur tout-puissant mon être s'abandonne.
Voici le myrte pâle et les roses de feu :

J'ai si longtemps rêvé dans cette solitude
Des plus tendres secrets à toi seul découverts,
Que le sourire aigu de ma béatitude
Engage l'esprit pur aux noces de la chair.

Viens ; nos lits d'algue sèche et de menthe flétrie,
Des quatre vents du ciel embrasés nuit et jour,
Gémirent trop longtemps des lourdes rêveries
Qu'au désir ajoutait la crainte de l'amour :

Tous les flots en passant m'avaient promis ta voile,
Ne m'as-tu pas cherchée aux confins de la mort ?
Quelque trait soit parti de jalouses étoiles,
Je te disputerais à la haine du sort.

O triste favori de l'écume sauvage,
C'est moi qui t'avertis de ton unique bien :
Hélas ! nous fuirais-tu de rivage en rivage,
Je t'aurai dit ton âme, et le reste n'est rien !

La Musique intérieure.
Bernard Grasset, éditeur.

RELIQUIÆ FOCI

Lorsqu'au vent du déclin nos cendres se soulèvent
En heureux tourbillons vers les cieux bien-aimés,
Le cœur reste jonché de désirs et de rêves
Que la Flamme a mordus et n'a pas consumés.

Le fardeau du regret qui les habite encore
Aux suprêmes torpeurs les enchaînera-t-il ?

Ou de nouveaux brasiers vont-ils tenter d'éclore,
Étamines de pourpre aux lèvres du pistil ?

— Pur et triste, le sang bouillonne. Il recommence
Le trajet dur et doux qu'il ne sait pas finir :
O cycliques retours de la fleur aux semences,
Ne vous profanons pas du nom de souvenir !

Le thyrse du printemps, la grappe de l'automne
Qui reviennent parer un immuable autel,
Doutent de leur durée éphémère et s'étonnent
Qu'il puisse être permis de se croire mortel ;

Nulle part, oublieux d'une tâche sublime,
Les beaux yeux n'ont baissé le solaire flambeau
Qui meut sans être ému les monstres de l'abîme
Pour en faire émerger les têtes du troupeau.

Promesse du baiser, mémoire du sourire,
L'arc de la bouche où flotte une rose aux longs miels
Dit ce qu'il faut laisser, ce qu'il est beau d'élire
Qui jaillisse de terre ou qui pleuve du ciel.

— Beauté, claire raison de l'ombre universelle
Qui fais l'âme survivre et renaître les corps,
Tu n'es pas sans pitié pour une humble étincelle
Athlète de la Nuit, du Mal et de la mort !

Quatre poèmes d'Eurydice.

Cocteau

PLAIN-CHANT

Je n'aime pas dormir quand ta figure habite
      La nuit, contre mon cou ;
Car je pense à la mort, laquelle vient si vite
      Nous endormir beaucoup.

Je mourrai, tu vivras et c'est ce qui m'éveille !
      Est-il une autre peur ?
Un jour ne plus entendre auprès de mon oreille
      Ton haleine et ton cœur.

Quoi ? Ce timide oiseau, replié par le songe
      Déserterait son nid,
Son nid d'où notre corps à deux têtes s'allonge
      Par quatre pieds fini.

Puisse durer toujours une si grande joie
      Qui cesse le matin,
Et dont l'ange chargé de me faire ma voie
      Allège mon destin.

Léger, je suis léger sous cette tête lourde
      Qui semble de mon bloc,
Et reste en mon abri, muette, aveugle, sourde,
      Malgré le chant du coq.

Cette tête coupée, allée en d'autres mondes
    Où règne une autre loi,
Plongeant dans le sommeil des racines profondes,
    Loin de moi, près de moi.

Ah ! je voudrais, gardant ton profil sur ma gorge,
    Par ta bouche qui dort
Entendre de tes seins la délicate forge
    Souffler jusqu'à ma mort.

Lit d'amour, faites halte. Et, sous cette ombre haute,
Reposons-nous : partons ; laissons là-bas au bout
Nos pieds sages, chevaux endormis côte à côte,
Et quelquefois mettant l'un sur l'autre le cou.

Rien ne m'effraye plus que la fausse accalmie
    D'un visage qui dort ;
Ton rêve est une Égypte et toi c'est la momie
    Avec son masque d'or.

Où ton regard va-t-il sous cette riche empreinte
    D'une reine qui meurt,
Lorsque la nuit d'amour t'a défaite et repeinte
    Comme un noir embaumeur ?

Abandonne, ô ma reine, ô mon canard sauvage
    Les siècles et les mers ;
Reviens flotter dessus, regagne ton visage
    Qui s'enfonce à l'envers.

Les sœurs, comme un cheval, nous savent la main mordre,
    Et nous jeter au sol,

Lorsque nous essayons de différer leur ordre,
        En leur flattant le col.

Elles portent au but celui-là qui les aide,
        Et se met de côté,
Même s'il en a peur, même s'il trouve laide
        Leur terrible beauté.

Or moi, j'ai secondé si bien leur force brute,
        Travaillé tant et tant,
Que si je dois mourir la prochaine minute
        Je peux mourir content.

Muses qui ne songez à plaire ou à déplaire,
Je sens que vous partez sans même dire adieu.
Voici votre matin et son coq de colère,
De votre rendez-vous je ne suis plus le lieu.

Je n'ose pas me plaindre, ô maîtresses ingrates,
Vous êtes sans oreille et je perdrais mon cri.
L'une à l'autre nouant la corde de vos nattes,
Vous partirez, laissant quelque chose d'écrit.

C'est ce que vous voulez. Allez, je me résigne,
Et si je dois mourir, reparaissez avant.
L'encre dont je me sers est le sang bleu d'un cygne
Qui meurt quand il le faut pour être plus vivant.

Du sommeil hivernal, enchantement étrange,
Muses, je dormirai, fidèle à vos décrets.
Votre travail fini, c'est fini. J'entends l'ange
La porte refermer sur vos grands corps distraits.

Que me laissez-vous donc ? Amour ! Tu me pardonnes,
Ce qui reste, c'est toi : l'agnelet du troupeau.
Viens vite, embrasse-moi, broute-moi ces couronnes,
Arrache ce laurier qui me coupe la peau.

Catherine Pozzi

AVE

Très haut amour, s'il se peut que je meure
Sans avoir su d'où je vous possédais,
En quel soleil était votre demeure,
En quel passé votre temps, en quelle heure
   Je vous aimais,

Très haut amour qui passez la mémoire,
Feu sans foyer dont j'ai fait tout mon jour,
En quel destin vous traciez mon histoire,
En quel sommeil se voyait votre gloire,
   O mon séjour...

Quand je serai pour moi-même perdue
Et divisée à l'abîme infini,
Infiniment, quand je serai rompue,
Quand le présent dont je suis revêtue
   Aura trahi.

Par l'univers en mille corps brisée,
De mille instants non rassemblés encor
De cendre aux cieux jusqu'au néant vannée,
Vous referez pour une étrange année
   Un seul trésor.

Vous referez mon nom et mon image
De mille corps emportés par le jour,
Vive unité sans nom et sans visage,
Cœur de l'esprit, ô centre du mirage
        Très haut amour.

VALE

La grande amour que vous m'aviez donnée
Le vent des jours a rompu ses rayons —
Où fut la flamme, où fut la destinée
Où nous étions, où par la main serrée
        Nous nous tenions.

Notre soleil, dont l'ardeur fut pensée
L'orbe pour nous de l'être sans second
Le second ciel d'une âme divisée
Le double exil où le double se fond

Son lieu pour vous apparaît cendre et crainte
Vos yeux vers lui ne l'ont pas reconnu
L'astre enchanté qui portait hors d'atteinte
L'extrême instant de notre seule étreinte
        Vers l'inconnu.

Mais le futur dont vous attendiez vivre
Est moins présent que le bien disparu.
Toute vendange à la fin qu'il vous livre
Vous la boirez sans pouvoir être qu'ivre
        Du vin perdu...

MAYA

Je descends les degrés de siècles et de sable
Qui retournent à vous l'instant désespéré
Terre des temples d'or, j'entre dans votre fable
                    Atlantique adoré.

D'un corps qui ne m'est plus que fuie enfin la flamme
L'Ame est un nom chéri détesté du destin —
Que s'arrête le temps, que s'affaisse la flamme,
Je reviens sur mes pas vers l'abîme enfantin.

Les oiseaux sur le vent dans l'ouest marin s'engagent,
Il faut voler, bonheur, à l'ancien été
Tout endormi profond où cesse le rivage.

Rochers, le chant, le roi, l'arbre longtemps bercé,
Astres longtemps liés à mon premier visage,
Singulier Soleil de calme couronné.

NYX

A Louise aussi de Lyon et d'Italie

O vous mes nuits, ô noires attendues
O pays fier, ô secrets obstinés
O longs regards, ô foudroyantes nues
O vol permis outre les cieux fermés.

O grand désir, ô surprise épandue
O beau parcours de l'esprit enchanté
O pire mal, ô grâce descendue
O porte ouverte où nul n'avait passé

Je ne sais pas pourquoi je meurs et noie
Avant d'entrer à l'éternel séjour
Je ne sais pas de qui je suis la proie.
Je ne sais pas de qui je suis l'amour.

(CATHERINE POZZI, Poèmes, Mesures, éd.)

DU MÊME AUTEUR

DERNIÈRES PARUTIONS

*Cet ouvrage
a été achevé d'imprimer par
l'imprimerie Bussière à Saint-Amand (Cher)
le 17 mai 1982.
Dépôt légal : mai 1982.
Imprimé en France (781).*